4 Lk 7 17410

Troyes
1873

Lalore, Charles

Chartes de l'abbaye de Mores (Aube)

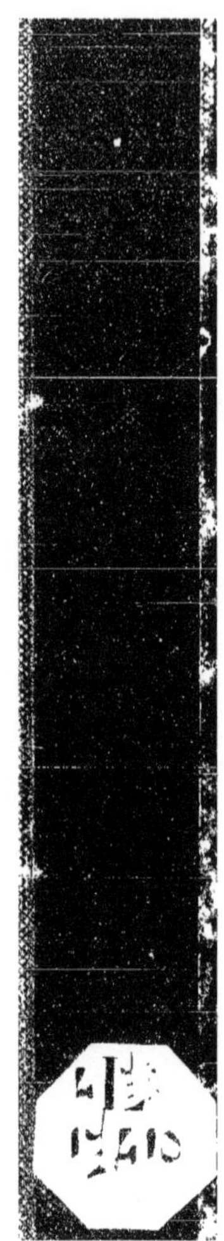

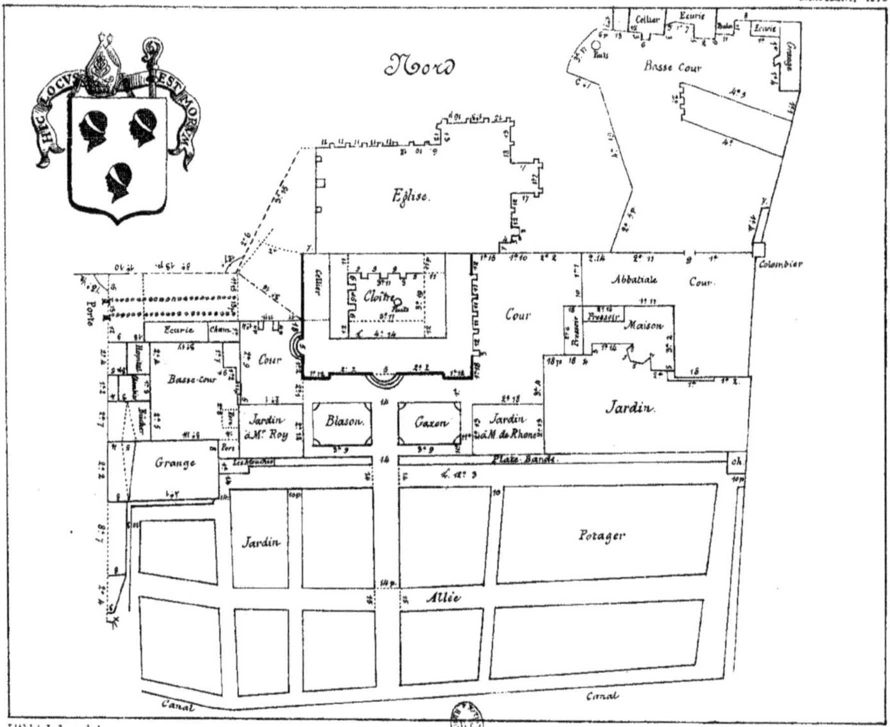

PLAN DE L'ANCIENNE ABBAYE DE MORES

L'Abbé Lalore del.

Troyes, Lith. Dufour-Bouquot.

CHARTES

DE

L'ABBAYE DE MORES

CHARTES

DE

L'ABBAYE DE MORES

(AUBE)

PAR

M. L'ABBÉ CHARLES LALORE

Professeur de Théologie au Grand-Séminaire de Troyes

TROYES

IMPRIMERIE ET LITHOGRAPHIE DUFOUR-BOUQUOT

Rue Notre-Dame, 41 et 43.

1873

CHARTES

DE

L'ABBAYE DE MORES

(AUBE)

——∘∘✸∘∘——

INTRODUCTION

—

§ Ier.

Les Chartes de l'abbaye de Mores.

Les chartes originales de l'abbaye de Mores sont perdues.
A l'époque où fut ordonné le transport des archives monastiques au chef-lieu de département, les chartes de Mores
ont été soustraites et ne sont pas arrivées jusqu'à Troyes.
Mais providentiellement, au xviie siècle, le P. Vignier avait
tiré une copie de la plupart de ces chartes; recueil précieux
qui se trouve à la Bibliothèque nationale, fonds français,
manuscrit 5995. Nous publions ces pièces au nombre de
cent trente-neuf (1). La plus ancienne est la charte-notice
de fondation de l'an 1152 ; quarante-cinq pièces appar-

---

(1) Dans ce nombre figurent quelques pièces que nous avons ajou-
tées pour compléter le recueil du P. Vignier.

tiennent à la seconde moitié du xii° siècle ; quatre-vingt-dix au xiii° jusqu'à l'an 1279 ; deux au xiv° siècle ; enfin nous donnons l'indication de quelques autres documents.

Ainsi nous restituerons en partie les archives de l'abbaye de Mores ; nous comblerons une lacune importante dans les documents monastiques des Archives de l'Aube ; et nous ouvrirons à l'histoire une source de renseignements authentiques.

§ II.

Emplacement de l'abbaye de Mores.

L'abbaye de Mores fut connue primitivement sous le nom de *Domus de Moris,* — *de Mooris,* — *Morarum,* — *More,* — *Mor.* Il est facile de comprendre l'origine de ce nom : *Mora,* — *Morus,* — *Fons morosus,* en latin ; *Moore* en anglais ; *Moor* en allemand ; *Moer* en flamand, signifient en français marais, lieu marécageux (1). Le nom de Mores s'imposait donc comme naturellement à cette abbaye, qui était construite près des fontaines et du marais où la More prend sa source ; les trois têtes de Maures qui forment les armes de l'abbaye ne sont donc qu'un jeu de mots (2); et il n'y a qu'une interprétation mystique dans l'inscription qu'on lisait au-dessus de la porte du chapitre : « Hic locus est *morum.* » On voit encore entre Celles et Landreville, sur la route, deux maisons qui ont conservé le nom de Mores : ce sont les restes de notre abbaye.

---

(1) Cfr. DUCANGE. *Glossar.* v° *Mora.* — *Hist. angl. script.,* t. II. *Gloss.* Londres, 1652, — et notre charte n° 47, de pratis, terris et moris.

(2) On trouve en France, au moyen-âge, les armoiries parlantes, et dès le xvi° siècle les jeux de mots dans les enseignes : l'abbaye de Pontigny avait un *pont* dans son blason; l'abbaye de Corbie, un *corbeau...*

Rouget écrivait en 1772 : « Le monastère de Mores est situé dans un vallon riant et agréable qui produit de bons grains ; les coteaux garnis de vignes offrent un aspect gracieux. Les deux villages de Mores et des Granges-de-Mores (à ce dernier se rattachaient les Granges de Presle et du Fragne) forment une communauté de la recette de Bar-sur-Seine. La justice appartient à l'abbaye et ressortit au bailliage de Bar. En tout onze feux, sur l'Ource. »

Au commencement du xii° siècle, Mores était une petite paroisse, avec une église paroissiale dépendant des chanoines de Saint-Denis de Reims (1). Près de Mores se trouvait la paroisse de Vilenesse (détruite maintenant), avec une église paroissiale qui, dès l'an 1101 et en 1145, appartenait à l'abbaye de Molême (2) ; à l'est existait Landreville, annexe de la paroisse de Loches (Geoffroi, évêque de Langres, étant à Clairvaux, donna Loches et Landreville à l'abbaye de Montiéramey (3), sur la demande faite par saint Bernard) ; à l'ouest de Mores était le village de Celles (*Sela, Seles*), annexé à la paroisse de Merrey (*Mairiacus, Merriacus*) : dès l'an 1101, Celles et Merrey dépendaient de l'abbaye de Molême, comme il ressort d'une charte de Robert, évêque de Langres (4) ; un pont sur l'Ource mettait l'an-

---

(1) *Chartes de Mores*, n° 1.

(2) Villa-nissa, Venelosa, Velonissa, Vilenessa, Velenessa (Archiv. Côte-d'Or, charte de l'évêque Robert en 1101, *origin. Molême*; *Gallia Christ.*, t. IV, *Instr.* col. 150. — Bulle d'Eugène III, xiiii kalend. decemb. 1145, *origin. Molême*, carton 17.) — On a retrouvé des substructions de ce village au nord de l'abbaye de Mores sur le versant de la colline et dans le vallon qui, maintenant, sont plantés de vignes.

(3) Archiv. Aube. *Origin. Montiéramey* et *Cartul. Montiéramey*, fol. 83 r°.

(4) Archiv. Côte-d'Or. *Origin. Molême*. — Nous croyons que le manuscrit dont nous nous sommes servi pour les *Anciens Pouillés*, p. 60, n. 130, était fautif. Celles n'a pu être succursale de Polisot que momentanément.

nexe et l'église mère en communication. Milon, comte de Bar-sur-Seine, Hélissende, sa femme, et Gaucher, leur fils, affranchirent en 1219 les religieux de Molême de tout droit de péage au pont de l'Ource et sur le chemin, le jour de la foire de Merrey (1).

Au commencement du xiie siècle, Robert, seigneur de Ricey, tenait en fief d'Anséric de Chacenay la quatrième part de la terre de Mores ; vers l'an 1110, du consentement d'Anséric, il la donna à l'abbaye de Molême, ainsi qu'un *mansus* à Vilencsse (2). Plus tard, l'abbaye de Molême cédera à celle de Mores tout ce qu'elle possédait sur le territoire de Mores.

L'abbaye de Mores était de l'Ordre de Cîteaux et de la filiation de Clairvaux. Elle faisait partie du diocèse de Langres, de l'archidiaconé du Laçois, et du doyenné de Bar-sur-Seine (3).

§ III.

Fondation de l'abbaye de Mores.

L'initiative de la fondation de l'abbaye de Mores est due à saint Bernard. Il choisit pour la nouvelle colonie qu'il voulait détacher de Clairvaux la vallée tranquille de l'Ource ; dans ces parages, assez loin de toute autre abbaye, une famille monastique pouvait vivre et se développer librement.

---

(1) Archiv. Côte-d'Or. *Origin. Molême.*

(2) 1er *Cartul. Molême,* fol. 54 r°.

(3) Dans la seconde moitié du xiie siècle, le chef-lieu du doyenné de Bar-sur Seine fut transporté à Vendeuvre, tandis qu'un autre chef-lieu de doyenné existait à Châtillon, ou à la Chaume, c'est-à-dire aux deux extrémités de l'archidiaconé du Laçois. — En 1124, Mainard était doyen de Bar-sur-Seine, comme il résulte d'une charte de Hugues de Briel en faveur de l'abbaye de Beaulieu, du diocèse de Troyes (Bibliot. Nation. *F. Franc.* 5995, fol. 42 v°); Mainard portait le titre d'archiprêtre en 1116. (*Chronic. S. Petri Vivi.*)

Dès l'an 1151, saint Bernard obtenait des chanoines de Saint-Denis de Reims, par l'entremise de l'archevêque Sanson, la petite église paroissiale de Mores, sise près de la More; il y installa cette année même des religieux de Clairvaux. En même temps, il faisait appel à la charité des seigneurs de la contrée qui prodiguèrent leurs biens à l'abbaye naissante. Lorsque notre saint mourut, le 20 août 1153, il put voir sa nouvelle maison assise et prospère ; déjà ses propriétés s'étendaient dans les vallées de l'Ource et de l'Arce, du levant au couchant; entre Vendeuvre-sur-Barse et Mussy-sur-Seine, du nord au midi. Nous allons analyser la charte-notice de fondation dont la rédaction paraît se rapporter à l'an 1152, elle nous fait connaître et les fondateurs de l'abbaye et ses propriétés primitives :

Anséric de Chacenay, avec l'approbation d'Humbeline, sa femme, et de Jacques, son fils, donne à l'abbaye tout ce qu'il possédait au finage de Mores.

Jacques de Chacenay, avec l'approbation d'Agnès, sa femme, donne sa part dans la Terrefranche de Chervey.

Gui, comte de Bar-sur-Seine, du consentement de ses enfants, Milon et Guillaume, donne ce qu'il avait au finage de Mores. Petronille, épouse du comte, confirme cette donation et accorde de plus, à l'abbaye, la rivière d'Ource sur le finage de Mores. La même comtesse donne, pour le repos de l'âme de son mari Gui, et de ses enfants Milon et Guillaume, tout ce qui leur appartenait dans la Terrefranche de Chervey.

Agnès, comtesse de Bar-sur-Seine, donne, pour le repos de l'âme du comte Milon, son mari, sa part dans la Terrefranche de Chervey.

Thomas de Bar, avec l'approbation de sa femme Uduarde, de ses enfants Richard, Baudouin, Thomas, Herbert, Hugues, de sa fille Adeline, et de son frère Herbert-le-Gros, donne la forêt Bréhard.

Hildier de Vilenesse, avec l'approbation de sa femme Florette, et de son fils Milon, donne tout ce qu'il possédait, depuis l'abbaye de Mores jusqu'au pont de Celles.

Gui, abbé de Montiéramey, du consentement de son chapitre, donne par la main de Bernard, abbé de Clairvaux, la terre appelée Montmoyen, sur le finage de Chervey, aux confins des finages de Bertignolles et d'Eguilly.

Milon de Chervey, avec l'approbation de sa femme Elisabeth, de sa fille Laurette, et de son frère Evrard, donne ses terres de Montmoyen.

Herbert-le-Gros, avec l'approbation de sa femme Amiette, donne tout ce qu'il possède à Montmoyen.

Mahaut de Chervey, avec l'approbation de ses enfants Evrard et Thibaut, donne tout ce qu'elle possède à Mont-Moyen.

Clérembaud de Chappes, avec l'approbation de sa femme Hermengarde, abandonne tout ce qu'il tenait sur la grange de Montmoyen, et sur le territoire de Chervey.

Haimon de Briel, avec l'approbation de sa femme Saracène, et de ses enfants, donne ses prés de Landreville.

Arnaud, abbé de Pothières, du consentement de son chapitre, donne toute la terre que possédait l'abbaye de Pothières sur le finage de Mores et au-delà de l'Ource, jusqu'au pont de Celles.

Hugues de Magnan, avec l'approbation de sa femme Reine, et de Philippe de Bar, donne sa terre de Montabout et de Valroux, et ses prés sur Chervey.

Payen de Juvancourt, avec l'approbation de Thomas, son fils, donne ce qu'il possédait à Bligny.

Jobert de Verpillières et Etienne Lechat, avec l'approbation de leurs femmes Adeline et Riais, et de leurs enfants, donnent leur bois de Fouchères.

Etienne de Villeneuve et Gui, prévôt de Bar, donnent

toutes leurs terres *in valle Hildieri*, jusqu'au finage de
Landreville.

Herbert de Vilenesse, avec l'approbation de ses enfants
Razon et Hugues, et de sa fille Mahaut, donne toute la terre
qu'il possédait au finage de Mores, depuis Landreville jusqu'au pont de Celles.

Beuve de Magnan et Gilbert de Chacenay donnent les
prés qu'ils tenaient de Milon de Chervey.

Hugues de Magnan donne toute la terre qu'il possédait,
depuis la vigne Joseph jusqu'au finage de Celles, à l'exception des prés.

L'abbé de Molême, du consentement de son chapitre,
abandonne la part de la dîme qu'il revendiquait.

Cette charte nous fait connaître les fondateurs de l'abbaye de Mores ; les autres bienfaiteurs et leurs donations
sont désignés dans les chartes suivantes ; enfin, l'obituaire
rappelle principalement le souvenir des bienfaiteurs modernes.

Les constructions de l'abbaye, suivant l'obituaire (1),
auraient été achevées au mois de septembre 1153, et le
huit de ce mois, jour de la Nativité de la Sainte-Vierge,
aurait eu lieu la bénédiction du monastère, sous le vocable
de la Nativité. Il est probable que l'ancienne église de la
paroisse de Mores servit pendant quelque temps à l'abbaye
naissante. Dans la suite, les religieux construisirent une
vaste et belle église qui répondait mieux aux besoins de la
communauté. C'est au 19 novembre, d'après le martyrologe
de 1408, que se faisait l'anniversaire de la Dédicace de cette
église (2).

------

(1) Ch. xi, n. 23.
(2) Ch. vii, n. 8.

§ IV.

Les granges de l'abbaye de Mores à partir de sa fondation.

Selon les usages de Cîteaux, toutes les propriétés dont nous venons de parler plus haut furent bientôt divisées en plusieurs groupes qui avaient pour centre un établissement agricole nommé *Grange*. L'abbaye de Mores avait dix granges dans la première moitié du xiii° siècle.

1. *La Grange de l'Abbaye* était située près du monastère, au sud-ouest.

2. *La Grange de Montmoyen* (Monsmedius), dite plus tard la *Grange-au-Bois*, sur le finage de Chervey et sur les confins des finages de Bertignolles et d'Eguilly, existait dès l'an 1165.

3. *La Grange de l'Epine* (Spina), près de la chapelle de Sainte-Beline, sur les finages de Loches et de Landreville, existait en 1182.

4. *La Grange de Fragne* (Frascina), sur le finage de Landreville, existait en 1182.

5. *La Grange de Villeneuve-au-Chêne* (Grangia de Quercu), existait avant l'an 1200 (1) ; en 1210, les religieux de Mores réunirent à cette grange l'ancienne Maison-Dieu de la Villeneuve qui leur fut vendue par l'abbaye de Mormeut (diocèse de Langres); ils possédaient aussi, à la Villeneuve, le *Moulin du Chêne*, sis près de la Beccacière.

6. *La Grange de Bellefleur* (Billeforia, Billefuer), sur les finages de Longpré, Bligny et Meurville, dépendait, au

---

(1) La Charte de commune fut donnée au village de Villeneuve-au-Chêne en 1255, par Jean de Durnay, seigneur de Vendeuvre. (Vallet de Viriville. *Archives histor. de l'Aube, p.* 362).

moins en partie de l'abbaye de Mores avant 1200 ; les religieux en achetèrent la jouissance totale en 1210.

7. *La Grange du Moulin-Garnier* (Molendinum Garnerii), avec un moulin, fondée en 1205, entre Buxières et Chervey, lieu dit Entre-les-Deux-Chemins (inter duos caminos).

8. *La Grange de Montchevreuil* (Montchevrel), sur le finage des Loges-Margueron, avec un étang et une tuilerie, existait dès l'an 1206.

7. *La Grange de Mores* (Grangia de Moris), près du moulin Huon à Montsuzain (canton d'Arcis-sur-Aube), existait avant l'an 1225.

10. *La Grange de Brué* (de Brueriis), sur le finage de Longpré, existait aussi dans la première moitié du xiii° siècle.

11. En 1197, Milon, comte de Bar-sur-Seine, permit aux religieux de construire un moulin sur l'Ource, où plus tard ils édifièrent un pont et la ferme dite de *Mores*.

D'autres centres d'exploitation, formés à une époque plus moderne, sont désignés plus bas dans les chartes de Mores, n° 139. A l'exception de quelques propriétés éparses au loin, les biens de l'abbaye étaient concentrés dans les riches vallons bornés au nord par Vendeuvre, au midi par Mussy-sur-Seine, à l'est par la forêt de Clairvaux, et à l'ouest par la Laigne et la Seine.

Dans l'introduction au *Cartulaire de Boulancourt*, nous avons parlé de la nature des biens des abbayes cisterciennes et de l'exploitation des granges (1).

---

(1) Ch. iii.

§ V.

La propriété de Mores, du XIVe siècle au XVIIIe.

Nous avons rappelé dans le *Cartulaire de Boulancourt* (1) les causes générales du dépérissement de la propriété foncière dans les abbayes cisterciennes dès la fin du XIIIe siècle. Ce furent : l'augmentation de la valeur nominale des monnaies et la diminution du pouvoir commercial de l'argent ; l'exploitation des granges et autres biens confiée à des fermiers séculiers, les frères convers venant à manquer ; l'abolition du servage ; et enfin les guerres. L'abbaye de Mores vit ses revenus diminuer considérablement sous l'influence de ces causes générales et inévitables.

A la vérité, les monastères de l'ordre de Cîteaux jouissaient de nombreux priviléges qui leur assuraient l'immunité de certaines charges extraordinaires. Le Pape Innocent II les avait exemptés de payer les dîmes ecclésiastiques (2), et ils avaient obtenu la même exemption pour la dîme Saladine. Cependant, à part cette dernière exception, l'ordre de Cîteaux contribua généreusement aux taxes pour la délivrance de la Terre-Sainte et ses religieux, en qualité d'aumôniers, accompagnèrent les armées des Croisés (3). En 1296, l'ordre de Cîteaux, seul, osait résister à l'avidité et aux exactions de Philippe-le-Bel et refusa de payer la *maltote* ; mais il finit, en 1297, par être écrasé dans cette lutte inégale. En 1298, il payait une nouvelle dîme et une lettre écrite de Compiègne, le 23 février 1299

---

(1) P. 65.
(2) LENAIN, *Histoire de Cîteaux*, t. I, p. 254.
(3) *Stat. Ord. Cisterc.* an 1212, 1316.

(v. st.), par Jean de Sancy, abbé de Clairvaux, annonce la levée de deux autres dîmes; ce n'est qu'au mois de septembre 1312 que le roi exempta les monastères cisterciens de toutes les dîmes qui pourraient être levées à l'avenir (1). Toutefois, les impôts ordinaires ne furent pas diminués; par exemple, nous lisons encore dans un document du xiv° siècle (2), parmi les noms des abbayes qui doivent « charroy au Roy » toutes les fois qu'il va en guerre, en quelque lieu que ce soit : « L'abbaye de Mores : un char- » riot tout atelé de chevaux. » En 1527, nous trouvons Anatole de Courcelles, procureur de l'abbé de Mores au concile de Lyon, pour régler les impositions relatives à la délivrance des enfants du roi François Ier (3); c'est pour suffire à cette imposition que l'abbaye de Mores aliéna les fiefs du Grand et du Petit-Montchevreuil, les revenus de Fouchères et une partie du bourg d'Essoyes (4). — Enfin, chaque monastère cistercien payait une contribution annuelle proportionnée à ses revenus, pour les besoins communs de tout l'Ordre. D'après le tableau de la taxe renouvelé en 1683, l'abbaye de Mores devait payer 5 livres (5). En outre, les monastères cisterciens étaient, de temps en temps, imposés extraordinairement pour venir en aide à quelques maisons de l'Ordre, dont l'état financier menaçait faillite.

Telles sont les causes principales qui ont contribué à la diminution progressive des revenus de l'abbaye de Mores et nécessité la vente de plusieurs biens, la grange de Montsuzain, celle de la Villeneuve-au-Chêne, les maisons de Troyes... D'un autre côté, les pouillés prouvent cette dimi-

---

(1) Migne. *Patrol. lat.* clxxxv, col. 1844, 1851 et 1918, *note.*

(2) Bibliot. Troyes, manuscrit 321, p. 59.

(3) Martène. *Thes. nov. Anecd.*, col. 414 — C.

(4) Courtépée, t. IV, p. 432, 2ᵉ édit.

(5) *Traité histor. du Chapitre génér. de Citeaux*, p. 200.

nution progressive : dans le pouillé de 1492, l'abbaye est taxée à 300 l. (1); le pouillé de 1648 porte le revenu à 10,000 l.; celui de 1672 à 6,000 l.; celui de 1732 à 4,300 l. On ne comptait alors que six religieux. Il n'y en avait plus que trois et le prieur nommé Bourlioux, lorsque la Révolution éclata.

§ VI.

Etat de l'abbaye et de ses constructions au XVII° siècle.

Trois documents suffisent pour nous faire connaître l'état matériel de l'abbaye et de ses constructions; nous les mettons sans commentaire sous les yeux du lecteur.

I. — « Enchères en 1633 pour la réparation de l'abbaye de Mores (2) :

1° Refaire deux pilliers des chapelles à dextre et à senestre du cœur, ensemble deux fenêtres de l'église ;

2° Refaire à neuf les quatre arcs-boutants de l'église du côté du chemin ;

3° Démolir la plupart de la muraille et corniche de la gallerie de devant le grand portail, ensemble deux arcades qui sont au dedans de ladite gallerie, et refaire le tout à neuf;

4° Jeter à bas le coin de la muraille du dortoir du haut en bas et la refaire à neuf, et ce du côté du jardin de la maison abbatiale ;

5° Réparer plusieurs endroits des murailles et pilliers du cloître et refaire à neuf une arcade ;

---

(1) Ch. LALORE. *Les anciens pouillés des paroisses incorporées au diocèse de Troyes en 1801*, p. 54.

(2) Archiv. Aube. — *Mores.*

6° Réparer tout à neuf quarante toises de murailles qui séparent le cimetière de la maison abbatiale. »

II. — Nous lisons dans un dénombrement du duché de Bourgogne en 1665 (1) : « Mores. M. François-Charles Cossé de Brissac, abbé, ordre de Citaux, six religieux, deux novices, l'église et les bâtiments en ruine, collation royale. La métairie de Presle et Fraigne relève de la terre et juridiction de Mores. Cette abbaye n'a plus que l'enclos et deux fermiers ; pont ruiné par les guerres. Il n'y a plus que cinq remises, tant dans l'enclos que dans la métairie ; les fermiers assistent aux offices de l'église. Les religieux tiennent la ferme du Fraigne, les terres, bois, et le franc-alleu, la haute-justice ; les terres dites les Landes de Mores, les marais, et jusqu'au moulin Bruyart où ils ont un garde-justice. L'arpent de terre vaut 30 livres dans le vallon, et l'ouvrée de vignes 25 livres. »

III. — Extrait d'un procès-verbal de l'état de l'abbaye dressé le 16 mars 1686 (2) :

« La cuisine et le réfectoire viennent d'être reconstruits. Le réfectoire se compose de deux grandes croisées prenant jour au midi, au bout duquel il y a une chambre pour les hostes avec une cheminée. Au-dessus, cinq chambres pour les hostes et un grenier au-dessus, le tout au midi. Un jardin nouvellement construit contenant douze carrés, avec un canal qui règne dans toute la longueur dudit jardin avec un pont pour communiquer à un enclos et verger où se trouve une allée en quinconce, où le prieur a fait planter plus de six cents pieds d'arbres. Les deux basses voûtes de l'église qui aboutissent au cloître ont été recouvertes, mais les deux autres du côté du couchant sont en très-mauvais état et menacent ruine ainsi que leurs arcs-boutants ; l'église qui

____

(1) Archiv. Côte-d'Or.
(2) Archiv. Aube. — Mores.

est un très-beau vaisseau, est en mauvais état, ainsi que le cloître et les chambres. Le revenu n'est que de 1,600 l. pour la mense des religieux selon leur déclaration. La sacristie est très-pauvre et en mauvais état.

§ VII.

Visite de l'abbaye de Mores en 1744.

Nous extrayons le récit suivant du journal de dom Guiton, visiteur des abbayes cisterciennes de la filiation de Clairvaux :

« Le lundi matin treizième juillet, nous partîmes de l'abbaye de La Rivour, accompagnés de dom Housset, sousprieur de l'abbaye de Mores, qui avait été envoyé au-devant de nous dès le samedy, et de dom Gabriel Georgeon, religieux de communauté à Boullancour, et arrivâmes audit Mores sur les onze heures. On voit sur la porte d'entrée, faite du temps de dom Foyot, prieur cy-devant, les armes de la maison, qui sont trois testes de Maures. On les voit aussy en d'autres endroits ; entre autres sur le haut de quelques pilliers de l'église, au septentrion, crosse et mître au-dessus.

La cour, les jardins, les murailles à hauteur d'appuy, les claires voix, le petit bâtiment voisin, le pignon du dortoir au midy sont du temps et par les soins dudit dom Foyot, aussy bien qu'un fameux pillier du dedans de l'église, et la charpente et couverture rétablie en entier de ladite église.

Les caves voûtées, les greniers dessus qui sont au couchant, les écuries, la ménagerie, le cabaret, sont de l'attention et du temps de dom Jacques Mol.

Le portail de l'église est l'ancien, bien voûté, de la largeur de l'église. Il parait que sous icelui, dans l'épaisseur de la muraille de l'église sous ledit portail, il y a eu un tombeau, par l'arcade qui y est. L'église est grande, belle et élevée. Au-dessus de la grande porte d'entrée est une gallerie dans l'épaisseur du mur, qui communique aux deux côtés de l'église. Elle est très-malpropre, occupée dans la nef par de vieux bois en poutres et autres, des tonneaux neufs, et aussy au-dessus de la barrière de bois, par des tonneaux neufs. Il y a dans la nef trois tombes, au pied d'un degré de pierre qui est de la largeur du milieu de l'église; il paraît qu'elles ne disent par leur inscription rien qui soit considérable. Derrière les places de M. l'Abbé et de dom Prieur il n'y a ni autel ni chapelle, mais deux vieux tableaux en pièces. On distingue sur l'un le Baptême de Notre Seigneur par saint Jean, au-dessus duquel est écrit sur un cœur rougi :

> *Omnia vincit amor.*
> *Filius hic pompas dignatur temnere secli.*
> *Diligit hic Pater. Hic omnia vincit Amor.*

Le chœur est antique et malpropre; il y a quatorze siéges de chaque côté, non compris les quatre du dossier. On y voit deux bons psaultiers, avec le supplément qui est rare depuis une trentaine d'années. La place de l'abbé à vêpres est distinguée de celle du prieur, comme partout ailleurs, même à Clairvaux avant le renouvellement du chœur, depuis environ douze ans, dans lequel la simmétrie et le coup-d'œil ont décidé contre le bon usage et la raison. Il y a quatre cloches dans l'église. Dessous et au pied du presbytère trois tombes de front, sur l'une desquelles on lit : *Monseigneur de Chacenay;* une autre plus bas, tirant au chœur, où les religieux assistent en coulles blanches à la messe, et en scapulaires et chaperons noirs aux autres offices. Ils ne se trouvent pas beaucoup fatigués de se lever à six heures pour aller à l'église réciter matines, même en toute saison. Sur le second degré du presbytère est un aigle en cuivre, sur la bande qui soutient le livre est gravé : *In*

Principio erat Verbum, et Verbum erat apud Deum. Au bas, dans le tour du pied : *Anno Domini* 1506 ; *F^r Joannes Cossart sacrista.*

Dans le sanctuaire à droite, ouvrages vieux de menuiserie, qui sont comme à Clairvaux, quatre siéges : pour le célébrant, le second qui ordinairement n'est pas occupé par respect pour le célébrant, le siége du diacre, et celuy du sous-diacre. Les accoudoirs ainsy que les siéges descendent par degrés ; celuy du prêtre est le plus élevé, le second un peu plus bas, le troisième plus bas, le quatrième plus bas. Ces quatre siéges sont des coffres, dont la couverture qui se lève et baisse fait le siége.

Vis-à-vis, tout près la parois est une tombe sur quatre pilliers. Au-dessus on a peint sur le mur Jésus-Christ en croix, qui d'une main embrasse saint Bernard qui est aux pieds de la croix. Ce miracle est arrivé dans cette abbaye de Mores, aussy est-il encore représenté sur toile dans un fort grand tableau qui fait le rétable du grand autel, qui est le seul sur lequel on célèbre les messes. La pierre n'en est pas consacrée ; il y a seulement un marbre assez long, mais point assez large, élevé au-dessus de la grande pierre de l'épaisseur de deux pouces, ce qui est incommode et fort dangereux. Aux bases des deux hautes colonnes dudit grand autel on voit, à celle du côté de l'évangile les armes de saint Bernard, sculptées, surmontées de la crosse ; à l'autre, un écusson sans crosse, des armes avec les lettres F. N. D.

Derrière le grand autel est la sacristie, fort malpropre et mal assortie. De l'ancienne sacristie qui est belle et bonne, on a fait un des beaux fruictiers qui se voye, qui n'a pas d'autre entrée, que par l'ancienne porte au dedans de l'église, car j'en ai vu tirer et porter par l'église des fruits et des bouteilles de vin qu'on y met dans le sable. Dans la nouvelle, on voit une belle ancienne croix d'argent processionale, négligée, car elle est comme noire ;

Un petit reliquaire d'argent, crasseux. Il y a : *De Sca Vincentia, una de XI millium virginum.*

Un petit buste de plomb, coloré, que l'on dit contenir le chef de Sainte Béline. Je fus curieux de le voir ; et pour cela le mardy quatorzième juillet mil sept cent quarante-quatre, fête de Saint Bonaventure, docteur de l'église, environ les deux heures après midy, se sont transportés derrière le grand autel de l'abbaye de Mores, dom Sylvain Thomas, prieur, dom Nicolas Housset, sous-prieur et sacristain-curé; dom Madroux, procureur, et dom Grasset, dépensier, tous quatre qui composent la communauté de Mores, aussi le R. P. abbé régulier de Marcilly, et dom Gabriel Georgeon, avec celuy qui écrit cecy, qui est religieux de communauté à Clairvaux ; et ayant décloué la planche de bois qui ferme ledit buste, nous y avons trouvé un sac de toile renfermant différents ossements de tête et autres, avec cette inscription sur parchemin : *Caput Beline virginis.* On a remis le tout, et recloué la planche au même état, sans faire de procès-verbal.

Dans la première chapelle qui du sanctuaire tourne à la sacristie ancienne, devenue cave et fruictier, on voit sur l'autel une figure en pierre de saint Bernard, tenant sur sa main droite un livre, et sur le livre une église, le chaperon attaché à la coulle. Au côté de l'évangile, on voit dans la muraille un monument en pierre qui porte en haut : *Piis manibus Joannis Bapt. Largentier de Chapelaines, Abbatis hujus Morensis cœnobii, cujus hoc lapide cor tegitur, cadaver gentili conditum sepulchro est. Andreas Stegler, amico et decessori suo mœrens posuit.* Au-dessus de cet écrit un cœur rougi ; au-dessous : *Obiit anno* 1617, *tertio idus Augusti : œtatis suœ* 33. — Au bas, écusson entre deux lauriers qui porte trois chandeliers, surmonté au milieu d'une crosse en dehors. C'est apparemment un parent de nos Messieurs Largentier, Denys et Claude, oncle et neveu, abbés l'un après l'autre immédiatement de notre maison de Clairvaux. On voit encore ses armes à la voûte du cloître près de l'église, et à un pillier boutant de l'église au septentrion et au couchant. Au pied de cette chapelle, deux tombes l'une au-dessus de l'autre.

De l'autre côté, au septentrion, on voit de grandes vieilles armoires ferrées, dans lesquelles sont plusieurs boëtes longues, fermées d'une planche-coulisse, qui contiennent les tiltres de l'abbaye ; deux tombes, une pierre élevée sur quatre petites pierres, c'est une dame dont la tête sur un coussin, un ange de chaque côté, aux pieds lyon et chien ; une tombe qui fait le perron d'un tiers de l'escalier, bien grossier, de l'église au dortoir.

Le dortoir est passable, mais les cellules sont mal meublées, et il n'y a pas de lieux nécessaires. Le prieur est assez commodément, ayant jours au levant, et au midy par une fenestre qui descend à fleur de terre et a une avance en saillie au dehors, ornée d'un grillage de fer à hauteur d'appuy. Il communique par un escalier de bois aux chambres d'hôtes, qui sont peu de choses, d'un simple plancher sur la cuisine, la dépense, la salle, et une autre salle, où l'on voit une petite armoire qui renferme : quantité de vieux linge dont on fait grand usage ; deux volumes in-folio du dictionnaire de la Bible par le R. P. Calmet, abbé de Sénones, bénédictin, Congrégation de Saint-Vanne ; deux autres suppléments in-folio audit dictionnaire par le même autheur ; trois volumes in-quarto qui sont des dissertations ou prolegomens sur l'Ecriture Sainte par ledit R. abbé de Sénones ; autre in-quarto, style criminel.

Les degrés du dortoir au cloître sont partie nouveaux et partie anciens. On voit au bas sur la gauche, sous la petite école, une longue et large tombe sur laquelle une longue crosse, y est écrit : *Dominus Johannes Morel de Celliis, Abbas de Moris, anno M° D° XXX°*. Dans le même endroit il y a encore quatre tombes, dont deux en long, deux en travers. On lit sur l'une qui porte une figure de moine :

Sistet... Bertrandus in isto sepulc... (Icy la tombe est rognée par le bas)... *Prioris anno* 1534. *Requiescat in pace.* Sur l'autre : *Cy gist frère Jehan Rouz en son vivant prieur et moine de l'abbaye de céans, et fut mort, etc...* sans figure.

Les cloîtres sont jolis, voûtés hors-d'œuvre, et soutenus par de bons pilliers ; un puits au milieu du preyhaut où il y a plusieurs amandiers. Le chapitre est joli, voûté, à deux pilliers ; on en a fait une vignée, il est plein de cuves et de tonneaux. Dans le cloître de collation est une tombe vers la place du milieu, qui a une figure de moine qui joint les mains. On lit autour : *Ci gist vénérable personne dom Jehan Joban, religieux et procureur de céans, lequel trespassa l'an* MDXXVII.

Au sortir de l'église, dans le cloître, au commencement de l'allée de la collation, est un tombeau sous arcade dans la muraille. Au bout de ladite allée, autre tombeau sous arcade dans la muraille, au-devant et sur lequel est sculpté une figure de moine en buste ; le reste du tombeau n'a pu être vu à cause d'une pille de planches qui le bouche à moitié. Au sortir de l'église, dans l'allée du cloître au chapitre, sur la gauche, autre tombeau sous arcade, dans l'épaisseur de la muraille. Tous sans inscription.

L'armoire où anciennement les religieux conservaient leurs livres pour leur lecture qui se faisait en commun dans le cloître, est un endroit voûté dont on a fait une dépense, d'où on entre dans un cabinet bien obscur qui a une petite lucarne sur le cloître.

Les religieux de Mores conservent encore plus de six cents pièces de vin dans différentes caves de M. le Commendataire, toutes belles et bien voûtées, dans lesquelles on voit les armes d'un abbé en 1618. Au haut d'une grande porte d'une des cours de M. le Commendataire, on lit : *Non mihi sed posteris ;* avec des armoiries surmontées d'une crosse.

Dans leur jardin ils ont un colombier, un grand et un petit réservoir. A l'entrée de la maison, près le cabaret (1), est une belle eau de fontaine où on puise pour les religieux. Plus bas et près de leur moulin on construit un pont de pierre qui leur reviendra, dit-on, à plus de mille écus.

La communauté de Mores a droit et est dans l'usage de députer un d'entre eux, c'est ordinairement le prieur, aux Etats de la province de Bourgogne, qui se tiennent tous les trois ans dans la ville capitale, Dijon.

Il y a du linge fort propre, même damassé, pour la table des hôtes, trois services complets. Mais le grand et le seul autel de l'église en manque, même du commun, aussi bien que de propreté.

Le prieur, dom Sylvain Thomas, paraît homme de bien, zélé pour rétablir cette maison, où il y a trois religieux. Les femmes de ménage entrent aussy dans l'intérieur de la maison.

Le mercredy quinzième juillet 1774, fête de nos saints martyrs Eutrope, Zozime, Bonoze, et un quatrième dont on n'a jamais sçû le nom, nous partîmes sur les cinq heures du matin, M. l'abbé de Marcilly et moy suivis de son domestique, de l'abbaye de Mores, et nous rendismes en celle de Clairvaux sur les dix heures et demie ; en sorte qu'en étans partys le onzième may, nous avons employé dans notre tournée deux mois et quatre jours (2). »

----

(1) Dès l'an 1182, un statut cistercien permet de vendre en gros du vin à un séculier qui le vendra au broc dans un bâtiment dépendant du monastère, mais situé à l'extérieur. Presque toutes les maisons cisterciennes, dès la fin du xiii⁰ siècle, avaient de ces débits de vin ou tavernes (*tabernæ*). Un statut de 1270 règle que les religieux ne pourront mettre en vente dans leurs cabarets que du vin de leur crû, et il défend de recevoir des femmes et des joueurs. (D. Martène. *Thes. nov. anecd.*, t. IV, col. 1254 et 1433.)

(2) Bibliot. Nation. *F. Franc.* 23,474, fol. 52 v⁰.

§ VIII.

La bibliothèque de l'abbaye de Mores en 1746.

Nous croyons utile d'extraire de la relation de dom Guiton
ce qui regarde la bibliothèque de l'abbaye de Mores. La mesure de conservation, prise par le visiteur en faveur de cette
bibliothèque, montre la coupable incurie des religieux
au xviiie siècle, et fait pressentir quels torts les moines ont
pu causer à la science après lui avoir rendu tant de services
signalés. Car il faut l'avouer, l'état déplorable dans lequel
se trouvait la bibliothèque de Mores en 1746 était l'état de
l'immense majorité des bibliothèques et des archives des
établissements religieux à la même époque ; et on peut dire
en général que la Révolution a fait moins de tort à ces pré-
cieuses collections de manuscrits antiques que la négligence
barbare des moines oublieux de l'esprit de leur vocation.

Dom Guiton, visiteur des maisons de la filiation de Clairvaux, parti de Clairvaux le jeudi 1er septembre 1746, après
avoir visité plusieurs abbayes du diocèse de Sens, arriva à
Troyes le 22 septembre, où il resta un jour et demi. Pendant son séjour dans notre ville, il alla aux Antonins (1), et le
supérieur commandeur lui fit voir leur pauvre bibliothèque.
« Comme je lui parus surpris, dit le même visiteur, que je
» ne remarquasse pas dans sa bibliothèque des livres rares,
» il me répondit que l'usage parmi eux, de leurs petites
» communautés, était que celles où il se trouvait de ces
» livres rares et importants, les envoyaient à l'Abbaye,
» c'est-à-dire à la maison du chef de leur ordre, Saint-
» Antoine à Vienne. »

Dom Guiton partit de Troyes pour se rendre à l'abbaye

____

(1) Le Petit-Séminaire actuel. Voir notre notice sur les Antonins.

de Mores, avec l'intention de mettre en pratique l'usage des Antonins. « Dans l'abbaye de Mores, dit-il, il y a quelques
» manuscrits en vélin et des imprimés assez bons. Je
» conseillai au prieur et religieux d'en user pour Clair-
» vaux, comme je viens de marquer qu'en usent les Anto-
» nistes pour leur chef d'ordre, plutôt que de laisser perdre
» ces livres par la poussière et la pourriture, qui à la fin
» seraient condamnés au feu. Il ne m'a pas paru éloigné
» de faire ce que je lui inspirais. »

Quelque temps après, les religieux de Mores suivirent cette bonne inspiration, et remirent à l'abbaye de Clairvaux leurs manuscrits et leurs imprimés qui avaient le plus de valeur et qu'ils ne jugeaient pas nécessaires à la communauté.

« Les prieur, religieux et communauté de Mores, étant convenus que leurs livres manuscrits et imprimés étaient dans la situation où je les ay trouvés, comme je leurs ay dis, et marqué cy-dessus, plutôt à leur déshonneur qu'à aucune utilité, m'ont cédé et donné pour Clairvaux, en imitant les Pères Antonistes, et suivant la bonne et équitable raison, les livres cy après, scavoir :

1. Un manuscrit en vélin, qui comprend d'abord la vie de notre Père Saint Bernard, laquelle commence : « Hæc cùm in ordine filiorum tertium Bernardum haberet in utero, » elle est entière. — « Miracula ejus. » — « Sermo de eodem in anniversario depositionis ejus. » — « Sermo novus ex veteri, S. Hylario Arelatensi episcopo de B. Honorato, olim editus ; et detractis versibus aliquantis, ad. B. Patris nostri memoriam assumptus, cùm offerre se ipse videretur » commence : « In memoria æternâ justus Domini constitutus. » — « Alia miracula ejusdem in Germania. » — « Littere de canonisatione ejusdem.» — « Passio B. martyris Sebastiani et martyrum qui cum eo pas-i sunt Rome, die xiii januarii » en dix-huit feuillets ; cette Vie ou Passion n'est pas entière.

2. Un autre manuscrit en vélin qui n'a pas de couverture. — Au commencement : « Sunt Epistole Beati Bernardi, satis et plusquam satis et relique. » — « Epistola cccxvii ad S. Malachiam, » pour la dernière ; puis une autre commencée d'une colonne et demie.

3. Autre manuscrit en vélin. Ce sont les quatre Homélies entières de saint Bernard « super Missus est. » La préface « De libero arbitrio. » — « De diligendo Deo. » — De laude nove militie. » — « De precepto et dispensatione. » — « Liber apologeticus. » — « Super humilitatis gradibus. » — « De consideratione. » — « Vita S. Malachie et sermo totus de eodem. »

4. Autre manuscrit en vélin, sans couverture, les premiers feuillets manquent. Sur la première colonne du douzième feuillet on lit : « Explicit liber secundus de claustro materiali, » les troisième et quatrième livres suivent, à la fin desquels on lit : « Explicit liber magistri Hugonis de claustro materiali et de claustro anime. »

5. « Sermo B. Bernardi, abbatis Clarevallis, super sex circunstantiis adventus Domini ; et les suivants : « de Tempore ; de Sanctis usque ad Assumptionem » inclusivement.

6. Autre beau manuscrit sur vélin, les premiers feuillets manquent. On voit à la fin du sixième : « Sermon sur le Cantique des Cantiques » et les autres jusqu'au quatre-vingt-sixième inclusivement.

7. Autre beau manuscrit sur vélin : « Sermones Gilleberti super Cantico Canticorum.

8. Autre manuscrit sur vélin. C'est un Martyrologe avec la Règle de notre Père saint Benoist et plusieurs autres choses à la fin. Dans ce Martyrologe, il est marqué qu'il a été fait en 1408 : « Anno Domini m°cccc° et octo hoc fuit factum et completum, » il commence par la Vigile de la Nativité de Notre Seigneur Jésus-Christ, mais le feuillet en est déchiré. Le second commence : « xv° Calendas januarii,

apud Bethleem, natalis Sanctorum Innocentium. » A la
leçon suivante il marque sur la marge, d'une autre écriture
que du corps : « In Britaniis, civitate Cantuaria, Sancti
Thome, Episcopi, qui ob defensionem justitie, in basilica
sedis sue gladio percussus, migravit ad Dominum. » On y
voit la dédicace de l'église de Mores annoncée et placée au
19 de novembre : « Eodem die, dedicatio basilice de
Moris; » — « xv° Idus Novembris, depositio domini
Godefridi, Lingonensis Episcopi, » c'était le cousin de notre
Père saint Bernard, il avait été premier abbé de Fon-
tenet, puis prieur de Clairvaux, enfin évêque de Langres.
Ce même Martyrologe marque à la marge : « xi° Calendas
Martii, B ate Beline, virginis et martyris. » Ils en ont le
chef renfermé avec d'autres reliques dans un buste et chef
plomb. La mort de plusieurs abbés y est marquée à la
marge.

9.   Autre manuscrit sans couverture, en mauvais ordre,
ce sont : « Usus Ordinis veteres. »

10.   Autre imprimé sur papier à Dijon l'an 1491, per
magistrum Petrum Meclingier alemannum. Ce sont les « Priviléges de l'Ordre de Citeaux. »

11.   Autre manuscrit sur vélin : « Incipit liber Sermo-
num B. Leonis Pape : primus, de Ordinatione sua. » Dans
le corps du volume il manque des feuillets, comme à la
fin.

12.   Autre manuscrit sur vélin, bien écrit, entier, relié,
couvert : « Incipit prologus libri Pastoralis Cure B. Gregorii
Pape. »

13. Autre manuscrit sur vélin, entier, bien relié et couvert : « Incipit Dialogus B. Gregorii Pape : liber primus »
et la suite.

14. Autre manuscrit sur vélin, bien écrit, bien relié et
couvert, ce sont plusieurs sermons des différents Pères de
l'Eglise, qui n'ont pas le commencement, quoy qu'il y ait

une table auparavant en deux feuillets, les premiers
manquent aussy.

15.   Autre manuscrit sur vélin, entier, relié, couvert,
ce sont des homélies : « Erunt signa in celo. Ce volume
finit par le sermon entier : « De mortalitate, ad populum,
in basilica S. Johannis que appellatur Constantiniana. »

16.   Autre manuscrit sur vélin, bien écrit, relié, couvert et entier, ce sont les Homélies de Bede-le-Vénérable,
lesquelles commencent : « Vespere autem Sabbati, » avec
table entière au-devant.

17.   Autre manuscrit sur vélin, entier, relié, couvert :
« Liber Etymologiarum. »

18.   Autre manuscrit sur vélin, entier, bien écrit, relié,
couvert : « Incipit Prologus Ysidori, Hispalensis Episcopi,
in quinque libris Moysi et ceteris Veteris Testamenti breviter
explanatis. » Ce volume finit par une courte homélie sur les
Béatitudes.

19.   Autre manuscrit sur vélin, entier et couvert :
« Incipit Prologus Paterii in libris Veteris ac Novi Testamenti. » Après le prologue il y a une table à laquelle
il manque un feuillet.

20.   Un in-folio imprimé, sous carton : « Divi Cæcilii
Cypriani Episcopi Carthaginensis et martyris opera. Parisiis 1541. Per Desiderium Erasmum Roterodanum. »

21.   Grand in-folio, entier, sous mauvaise couverture
de parchemin. « Martyrologium Baronii. Parisiis, 1613. »

22.   Imprimé in-4° : « Biblia Sacra, a capite V Jeremie
ad finem Novi Testamenti. » *Ad calcem :* « Hebrea, Chaldea,
greca et latina nomina virorum, mulierum, mensium, etc. »
Ensuite : « Index rerum et sententiarum Veteris et Novi
Testamenti, jusqu'à la dernière ligne de la dernière colonne,
où on lit : Justus videns penam proficit. » Couvert en parchemin.

23.   Imprimé in-folio, entier, relié, sous veau : « Dictionarium Grecum. Lutetie, 1524. »

24.   Imprimé in-4°, entier, relié, couvert : Venetiis, 1550, Bartholomei fumi, Summa quæ Aurea Armilla inscribitur.

25.   Autre imprimé, petit : « Breviarii theologici pars prima. » Commence : « Etymologice Theologia, » les premiers feuillets manquent.

26.   Imprimé in-4°, entier, relié, couvert en veau blanc, c'est : « Christiani hominis Institutio adversùs hujus temporis hereses, autore Stephano Paris, Aurelianensi, Episcopo Abellonen. Ex Ordine Predicatorum. Parisiis, 1552. »

27.   Grand in-folio, imprimé à Lyon, « apud Sebastianum Gryphum, » relié, entier, couvert en parchemin : « Adagionum, — opus Desid. Erasmi Roterdami. »

28.   Gros in-8°, entier, relié, couvert en parchemin, imprimé, entier, avec table, partie au commencement, partie à la fin, c'est : « Fortalicium fidei ; » ce traité n'est pas entier. Il finit au feuillet 368.

29.   Imprimé in-8°, entier, relié, couvert en parchemin. C'est : « Nicolai Mercurii Pisciaci, proprimarii et professoris Navarrici, de conscribendo Epigrammate. Parisiis, 1653. »

Dans le mois d'avril suivant, 1747, les prieur et religieux de Mores ont encore donné, comme à eux inutiles, les livres suivants, scavoir :

30.   Un manuscrit sur parchemin in-folio : « Speculum Virginum, » à la fin duquel traité se trouve l'explication de la préface de S. Jérôme, prestre, sur le Pentateuque de Moyse, laquelle explication, ainsi que ladite préface, commence : « Desiderii mei, desiderii proprium nomen. » Cette explication est suivie de trente-une autres qui regardent les autres livres tant du Vieil que du Nouveau Testament, et finissent par celle sur l'Apocalypse.

31.   Autre manuscrit en parchemin, moyen in-folio, bien relié, entier, couvert, et bien garni de coins et fermoirs de cuivre, il commence : « Dominica prima in Adventu Domini, secundum quod canit ecclesia Cisterciensis. » Le tiltre en lettres rouges pour l'office du jour de la Purification de la Sainte Vierge, porte : « In Purificatione Sancte Marie. Cantor postquam candelam accensam obtulerit, incipiat antiphonam istam, que dum cantatur, candele distribuuntur. » Par là on voit que le chantre est réputé le *dignior chori*, quoiqu'il exerçât son ministère dans sa place et sans habit de chœur, au lieu qu'aujourd'hui il est revêtu d'amict, d'aube ou surplis, et de belle chape, en certains monastères, le bâton d'argent à la main, sans qu'il soit regardé comme le *dignior chori,* pour avoir l'honneur de présenter un cierge ou un rameau, ou d'imposer les cendres à l'abbé ou au célébrant; ce que le chantre ne fait plus aujourd'hui. A la marge on y a écrit, d'écriture autre que celle du corps du livre : « In Vigilia Purificationis, celebratur missa de B. Maria, si in sabbato. » Ce qui indique que cette Vigile avait un jeusne. Les six premiers feuillets donnent l'explication de l'embolisme, nombre d'or. Au haut du second feuillet, on lit : « Liber Sancte Marie de Moris, ad usum Sancti Bernardi Clarevallis. » Ce manuscrit est un Graduel.

32.   Autre livre imprimé, moyen in-folio, qui est entier, bien relié et couvert, c'est : « Vocabularius familiaris et compendiosus. »

Dans le mois d'avril 1747, nous avons rendu à dom prieur de Mores le Martyrologe (n° 8 dans le catalogue donné ci-dessus) comme livre local, duquel cette abbaye peut avoir besoin, pour les obits des abbés, prieurs, pour les anniversaires des bienfaiteurs, pour les bienfaits en provenant, pour l'association et la commémoraison ès-prières... (1). »

____

(1) Bibliot. Nation. *F. Franç.* 23,414, fol. 88 r°.

§ IX.

Catalogue des abbés de Mores.

Ce catalogue est dressé d'après les documents que nous publions; d'après les actes cités par le *Gallia Christiana* (1), et enfin d'après l'*Almanach royal* (2). Les trois premiers abbés furent disciples de saint Bernard.

I.   Girard, 1152.

II.   Le Bienheureureux Ménard Ier, 1165-1168 (*Menolog. Cisterc.* 8 junii).

III.   Herbert, avant 1178 (il composa les deux livres *Miraculorum S. Bernardi*).

IV.   Hugues, 1178-1187.

V.   Ménard II, 1187. En 1190, l'abbé de Mores est député par le chapitre général à la célèbre assemblée de l'Ordre *apud Chaleyum* (Chailley), grange dépendant de l'abbaye de Pontigny (3).

VI.   Barthélemi Ier, 1191-1196. (*Obit.* 8 juin.)

VII.   Barthélemi II, 1198-1206. (*Obit.* 6 août.)

VIII.   G., 1206.

IX.   Galo, 1212-1215. Le chapitre général de 1212 déclare que l'abbé de Clairvaux qui a promu

---

(1) T. IV, col. 842.

(2) Années 1731-1790.

(3 MARTÈNE. *Thes. nov. anecd.*, t. IV, col. 1269 — D. — Chailley, canton de Brienon (Yonne). La terre de Chailley fut donnée en 1126 à l'abbaye de Pontigny, par Manassès de Villemaur et Ermensende, sa femme (Charte de Hatton, évêque de Troyes. *Cartul. gén. de l'Yonne*, t, I, p. 260).

l'abbé de Mores sans observer les formalités prescrites, sera soumis à une pénitence qui est relâchée à cause des infirmités et de l'âge avancé de cet abbé (1).

X. Raoul, 1216-1220. Au chapitre de 1219, l'abbé de Mores est accusé de paroles imprudentes et calomnieuses. Il aurait reproché à l'abbé de Cîteaux d'être venu à Mores avec quinze chevaux, tandis qu'il n'en avait que six; que ses frères convers passaient la nuit à boire, ce qui n'était pas. L'abbé est condamné à faire trois jours de pénitence à Cîteaux, trois à Clairvaux, et à passer quarante jours hors de la stalle abbatiale (2).

XI. Michel, 1223-1226.

XII. Nicolas Ier, 1232-1238.

XIII. Pierre de Bar, 1245.

XIV. Thibault, 1247. (*Obit.* 30 octobre.)

XV. Arnoul, 1256. (*Obit.* 17 juillet.)

XVI. Nicolas II, 1262.

XVII. Jean Ier Bioleau de Bar, 1272. (*Obit.* 7 août.)

XVIII. Guillaume Ier, 1279.

XIX. Gilbert. (*Obit.* 16 juillet.)

XX. Martin, 1302.

XXI. Milon. (*Obit.* 16 septembre.)

XXII. Jean II, 1346.

XXIII. Guillaume II, 1369.

XXIV. Jean III, 1389 et 1391.—(*Charte de Larrivour.* — *Obit.* 13 novembre.)

XXV. Simon de Mercy.

---

(1) MARTÈNE. *Thes. nov. anecd.*, t. IV, col. 1311 — D.
(2) Ibid., col. 1324 — E.

XXVI.   Jean IV Baquelet, 1483 — mort le 18 juin 1501.
XXVII.   Jean V Morel de Celles, mort le 25 mai 1530.
XXVIII.   Jean VI Raguier, mort à Paris le 21 avril 1537.
XXIX.   Jean VII Bochetel, 1568.
XXX.   Gabriel de Bligny-le-Genevois, évêque de Noyon, mort en 1592.
XXXI.   Jean-Baptiste Largentier de Chapelaines, 1605 — mort en 1617, après avoir fait cession.
XXXII.   André Stegler, dès l'an 1614.
XXXIII.   François de Servien, 1640-1645, mort en 1661 évêque de Bayeux.
XXXIV.   Charles de Cossé de Brissac, mort le 6 septembre 1693.
XXXV.   Louis-Guillaume de Chavaudon, 1er novembre 1693-1731.
XXXVI   Langlois, 1731-1749.
XXXVII.   De Martillat, 1749-1755.
XXXVIII.   D'Hélyot, 1755-1786.
XXXIX.   De Juge-Brassac, 1786-1788.
XL.   Le Pappe de Trévern, 1788-1790.

§ X.

Obituaire de l'abbaye de Mores (1).

D'après les règlements primitifs de Cîteaux, on n'accordait qu'aux fondateurs exclusivement, la sépulture dans les maisons de l'Ordre (2); les rois, les reines, les arche-

---

(1) Au commencement du Martyrologe qui faisait partie des livres transportés à Clairvaux, cfr. plus haut, § VIII, n° 8.

(2) Stat. an. 1157, D. MARTÈNE. *Thes. nov. anecd.,* t. IV, col. 1251, n. 63.

vêques, les évêques pouvaient seuls être enterrés dans
l'église (1) ou dans le chapitre ; cette faveur était refusée à
tout simple laïque (2) et les abbés eux-mêmes ne pouvaient
pas être enterrés dans l'église mais dans le chapitre (3).
— L'estime dont jouissait l'Ordre de Cîteaux dans le cours
du xiiᵉ siècle était telle qu'un très-grand nombre de fidèles
voulaient avoir un ou plusieurs anniversaires dans quelque
maison de l'Ordre, au point que les anniversaires se mul-
tiplièrent outre mesure et devinrent une charge pour les
religieux de chœur. C'est pourquoi dès l'an 1201 il fut
établi par un statut qu'aucune maison ne pourrait accepter
à l'avenir d'anniversaire sans la permission du Chapitre général (4). En 1225, afin de restreindre encore sur ce point
les pieuses sollicitations des fidèles, le Chapitre général
régla que les établissements cisterciens n'octroieraient plus
désormais si facilement des anniversaires et que dans le cas
où on ne pourrait refuser, on accorderait seulement une
messe basse par an (5). Enfin d'après un statut de 1273,
les quatre anniversaires solennels prescrits par la règle
furent conservés, en y ajoutant douze anniversaires *collec-
tifs,* un chaque mois, pour remplacer tous les anniversaires
particuliers (6). Ce statut fut confirmé en 1276 et en
1277 (7).

Tous les règlements précédents relatifs aux sépultures et
aux anniversaires furent en vigueur jusqu'à la fin du
xiiiᵉ siècle comme on le voit par le *Libellus definit'o-
num* (8), mais dans le cours du xivᵉ siècle ils tombèrent en
désuétude.

---

(1) Stat. an. 1152, col. 1245, n. 8, — col. 1252, n. 5.
(2) Stat. an. 1219, col. 1225, n. 15.
(3) Stat. an. 1180, col. 1252, n. 5.
(4) *Ibid.*, col. 1296, n. 3.
(5) *Ibid.*, col. 1340, n. 5.
(6) *Ibid.*, col. 1438, n. 2.
(7) *Ibid.*, col. 1454, n. 16, et col. 1457, n. 2.
(8) *Nomasticon cisterc.*, p. 481.

L'Obituaire que nous publions nous fait connaître les bienfaiteurs les plus récents de l'abbaye de Mores.

1. Pridie Idus Februarii. Obiit Guido comes Barrensis.

2. IIII° Calendas Martii. Obiit dominus Guillermus, miles, dominus de Chacenayo.

3. III° Calendas Martii. Anniversarium Henrici Ysart et Johannete, ejus uxoris, de Barro super Sequanam, celebrandum singulis annis die veneris quatuor temporum post Bordas, qui multa bona contulerunt ecclesie nostre, ut patet per litteras super hoc datas.

4. XVI° Calendas Aprilis. Comes Henricus Trecensis.

5. IIII° Nonas Aprilis. Obiit dominus Pontius, episcopus Alvernensis. — Obiit domnus Guillermus, quondam abbas de Moris.

6. IIII° Idus Aprilis. Obiit dominus R. de Chacenayo.

7. XII° Calendas Maii. Obiit domnus Raynaldus, quondam prior de Moris.

8. IIII° Calendas Maii. Obiit domnus Guillermus, abbas de Moris.

9. XIII° Calendas Junii. Anniversarium monachorum celebrant omnes.

10. VIIII° Calendas Junii. Obiit domnus Johannes Morel, abbas de Moris, cujus corpus quiescit in claustro ante capitulum (1530).

11. III° Calendas Junii. Obiit pie memorie dominus Stephanus, Eduensis episcopus, qui inter plurima pietatis sue opera instituit ut in anniversaria depositionis sue die plenariam conventus pitanciam habeat.

12. Calendis Junii. Obiit domnus Johannes XX^{us} abbas Moris.

13. III° Nonas Junii. Anniversarium duarum privatarum missarum pro Nicolino Bornibert et uxore ejus, qui

nobis concessit quinque solidos turonenses annuatim super duas pecias terre in finagio de Buxeriis, quarum missarum una dicitur in hebdomada ante Nativitatem Domini, alia in septimana octavarum Pentecostes.

14.   VI° Idus Junii. Obiit domnus Bartholomeus, sextus abbas de Moris.

15.   XV° Calendas Julii. Obiit Jacobus de Cacennaio.

16.   X° Calendas Julii. Anniversarium domine de Bornibus que hac die migravit a seculo, anno Domini 1439.

17.   IIII° Calendas Julii, anno Domini 1501. Obiit pie memorie domnus Johannes, abbas de Moris, cujus corpus quiescit in capitulo ante locum abbatis et lectoris. Requiescat in pace.

18.   IIII° Nonas Julii. In hac die fiat commemoratio Symonis, domini Clarimontis, et Beatricis, uxoris ejus, et Henrici de Fuscineis. Commemoratio Odonis majoris Landreville, et Marie uxoris sue, semper fiat in hac die et pro ipsis quedam pitancia usque ad valorem sex librarum, et cotidie celebretur pro ipsis una missa.

19.   Nonis Julii. Obiit pie memorie domnus Gillebertus, abbas de Moris.

20.   XVI° Calendas Augusti. Obiit domnus Arnulphus, decimus quintus abbas de Moris. Requiescat in pace. Amen.

21.   VIII° Idus Augusti. Obiit pie memorie domnus Bartholomeus, septimus abbas de Moris.

22.   VII° Idus Augusti. Obiit domnus Martinus, decimus abbas de Moris.

23.   Anno ab Incarnatione Domini M° C° L° III°, VI° Idus Septembris, constructa est abbatia de Moris.

24.   V° Idus Septembris. Anniversarium Jacobi Proste cum Maria, uxore sua, et eorum liberorum, qui dederunt

quamdam peciam vinee in vinea nostra *des Graveliers,*
anno Domini 1462, secunda die Marlii.

25. III° Idus Septembris, anno Domini M° CCC°
LXXX° IIII°, obiit pie memorie nobilis domina domina
Natalis de Arceriis, quondam domina de Suceyo et de
Cusseyo, ... et ipsa die fiat solempniter anniversarium in
conventu ad magnum altare ... pro se suisque heredibus
preteritis, presentibus et futuris, cum vigiliis... et plenaria
pitancia in conventu.

26. XVI° Calendas Octobris. Obiit pie memorie domnus
Millo, abbas de Moris. Requiescat in pace. Amen.

27. Secundo Nonas Octobris. Pro quadam domo in
villa Noville subtus Gye... sita...

28. IIII° Calendas Novembris. Anniversarium Johannis
le Galmoys de Muxeio.

29. III° Calendas Novembris. Obiit domnus Theobaldus,
decimus quartus abbas de Moris. Requiescat in pace.
Amen.

30. V° Idus Novembris. Obiit Girardus de Burreyo, et
anniversarium solempne in conventu pro ipso. Pitancia de
XV... assignatis super proventibus de dicto Burreyo.

31. Idus Novembris. Obiit pie memorie domnus Johannes, quondam abbas noster, cujus anima requiescat in pace.
Amen.

32. XVIIII° Calendas Januarii. Anniversarium Johannete Thomasset, quondam relicte defuncti Guillermi Chesla,
de Barro supra Sequanam, celebrabitur quotannis die mercurii post festum Sancte Lucie, et dicentur vigilie novem
lectionum cum una missa de Requiem cum nota, et post
dictam missam recommendationes defunctorum. Et pro
dicto anniversario dicta Johanneta legavit ecclesie Beate
Marie de Moris emplastium ad domificandum situm in
magno vico dicti Barri, ut in litteris super hoc confectis
continetur.

33. VXIII Calendas Januarii. Obiit nonnus Adam, prior de Moris.

34. Pro domino Jacobo de Muxeio, quondam canonico Lingonensi, etc. — anniversaria cum pitancia XV° Calendas Martii ; VI° Nonas Martii ; XIII° Calendas Augusti ; IIII° Nonas Septembris (1).

§ XI.

Vente des propriétés de l'abbaye de Mores en 1791.

Les principaux biens qui restaient à l'abbaye de Mores étaient groupés sur le territoire des dix communes environnantes ; ils furent vendus partiellement par adjudication en 1791. Le prix total des ventes s'éleva à 569,601 francs. On sait que la Révolution vendait à un *bon marché exceptionnel* les biens qu'elle appelait *nationaux*. La désignation des biens vendus, le nom des adjudicataires et le montant de chaque vente se trouvent aux Archives de l'Aube (2).

Nous avons réuni sous un même chef toutes les ventes partielles faites sur le territoire d'une même commune.

Celles.

Eglise et Maison conventuelle de Mores....	15.100ᶠ
Maison du garde........................	4.325
Bâtiments du pressoir et de la cuve........	3.475
Autres bâtiments et dépendances (grange, écurie, etc.)........................	7.050

---

(1) Bibliot. nat., *F. Franç.*, 23,474, fol. 90-92.
(2) Ventes des biens nationaux.

Ferme de l'abbé (finage de Mores), comprenant 99 arpents 4 denrées de terres, et 11 arpents 3 denrées de prés..........	11.691ᶠ
Un enclos de 25 cordes................	0.500
Terres labourables : 181 arpents 2 denrées.	110.120
Terres à chenevières : 8 arpents 2 cordes...	54.375
Prés : 48 arpents et demi................	48.695
Vignes : 12 arpents 5 faîtes.............	27.050
Pâturages : 18 arpents................	2.925
Bois : 25 arpents 4 denrées.............	15.200
Une friche..........................	0.510
	301.016ᶜ

Landreville.

Ferme du Fragne, comprenant 181 arpents 2 denrées de terres, 4 arpents 4 denrées de friches, 1 arpent de bois, 1 arpent de prés, et une pièce de prés dont la valeur n'est pas indiquée..........................	33,300ᶜ
Terres labourables : 11 arpents 1 denrée.	3.770
Terres à chenevières : 5 arpents 1 journel..	11.040
Prés : 3 arpents 6 cordes................	0.330
Terres et prés : 36 arpents 3 denrées......	13.500
	61.940ᶜ

Loches.

Terres : 30 arpents 7 denrées............	13.720ᶜ
Prés : 10 arpents......................	13.400
	27.120ᶜ

Beurey.

Prés : 4 arpents 2 denrées.............	2.850

Buxeuil.

Vignes : 2 arpents 1 faîte.............	1.400

Buxières.

Moitié du moulin de Buxières et ses dépendances, une pièce de pré, et un jardin...	5.675ᶠ
Terres labourables : 71 arpents 7 denrées, 1 pougissée.................. Prés : 9 arpents 6 denrées............. Terres et prés : 5 denrées.............	34.100
	39.775ᶠ

Longpré.

Ferme de Brué, comprenant 112 arpents 4 denrées de terres et 5 arpents 6 denrées de prés.........................	13.300ᶠ
Ferme de Bellefleur (finage de Longpré, Bligny et Meurville), comprenant 187 arpents 4 denrées de terre et 3 arpents 2 denrées de prés.........................	15.600
	28.900ᶠ

Neuville.

Vignes : 8 arpents 1 faîte...............	11.225ᶠ

Ville-sur-Arce.

Une maison, 6 journaux de terres et un faîte de vignes............................	3.200

Chervey
(Appartenant à la mense abbatiale.)

Terres : 326 arpents 1 pougissée..........	90.100
Prés : 1 arpent 6 denrées et un demi-arpent d'enclos...........................	2.075
	92.175
Total général des ventes partielles........	569.601ᶠ

§ XII.

Ancien plan de l'abbaye. — Ruines.

I. Nous donnons ci-joint le plan des constructions et bâtiments de dépendance qui au xviiie siècle constituaient l'abbaye de Mores. Ce plan fait à main-levée (1), quelqu'imparfait qu'il soit, a son mérite, et les mesures qu'il indique, ayant été exactement relevées, on pourrait au moyen de ces cotes, lui donner plus de perfection. Si nous rapprochons de ce plan les § V et VI relatifs à l'abbaye au xviie et au xviiie siècles, nous aurons une idée exacte de la disposition des constructions.

D'après le plan et le relevé fait sur les ruines, l'église était orientée ; elle avait 56 mètres de longueur, sa largeur était de 10 mètres au sanctuaire, 26 mètres au transept, 20 mètres dans la nef ; la nef avait deux collatéraux ; le sanctuaire qui était irrégulier et affectait à peu près la forme rectangulaire était dépourvu de collatéral. Au côté méridional de l'église se trouvait le cloître carré, entourant une cour avec un puits au milieu (il existe encore). Au midi du cloître, parallèlement à l'église, s'élevait un grand bâtiment allant du couchant à l'orient avec un perron donnant au midi sur de beaux jardins. Ils s'étendaient entre l'abbaye et la rivière d'Ource et étaient traversés du levant au couchant par un canal dont le cours est parallèle à celui de l'Ource. Au delà de cette rivière l'horison est borné par les gracieux côteaux de vignes de Celles et de Landreville. Dans les siècles modernes, l'abbatiale avec toutes ses dépendances fut construite au levant du monastère et de l'église. Le colombier de l'abbatiale a laissé son nom à une pièce de pré

---

(1) Il nous a été communiqué par M. Alexis Socard, libraire à Troyes.

qui s'étend du côté de la rivière. Au nord de l'abbaye l'œil se repose encore sur des côteaux de vignes qui forment les contours du riche vallon de l'Ource. Au pied de ces coteaux, passait naguère encore, avant la construction de la route actuelle, l'ancien chemin de Celle à Landreville (1). Les constructions de l'abbaye s'étendaient au nord-est jusqu'à ce chemin. L'entrée du monastère était au couchant. Une avenue d'arbres avec des haies conduisait à une cour, et un perron introduisait dans la grande aile de bâtiments sur les jardins.

II. Aujourd'hui l'abbaye de Mores se compose de quelques ruines peu importantes et qui disparaîtront bientôt. Une partie des murs de l'église existaient encore en 1856 (2). La nouvelle route de Celles à Landreville passe sur l'emplacement de la nef et du sanctuaire à la partie septentrionale. Le corps de bâtiment formant le côté occidental de l'abbaye subsiste encore : il comprend d'abord l'ancien cellier ; on voit ensuite à l'angle méridional, une belle construction du xviii° siècle avec l'ancienne cour d'entrée, un perron et la porte intérieure du monastère, au premier étage un balcon. C'est tout ce qui reste du bâtiment principal qui s'étendait au midi sur les jardins. A la partie orientale de ces constructions se voient encore, adossés au mur, les restes d'une partie du cloître avec les ogives, les colonnes, leurs chapiteaux et plusieurs culs-de-lampe. Ces ruines mesurent 33 mètres 20 centimètres de longueur et comprennent huit travées.

A l'ouest de l'abbaye près de la route et sur le cours de la More est une maison qui faisait partie de la métairie dite de la Fontaine.

---

(1) Le chemin primitif de Celles à Landreville passant dans le jardin fruitier de l'abbaye fut détourné au nord en 1174, et placé au pied du coteau de vignes où il existe encore. (Cfr. charte n. 19.)

(2) *Annuaire de l'Aube*, 1856, p. 17.

Avant de quitter les ruines de Mores, nous signalerons dans une chambre, à gauche du perron occidental, au rez-de-chaussée, une vieille plaque de cheminée assez curieuse : elle représente le fait apocalyptique connu sous le nom de l'Adoration de la bête à sept têtes, à dix cornes et couronnée d'un diadème (1).

Troyes, le 21 juin 1872.

____

(1) *Apoc.*, XIII, 1-4.

CHARTES DE L'ABBAYE DE MORES

—

Sans date. 1151.

1. — Samson, Dei gratia, Remorum archiepiscopus carissimo ac precordiali amico suo Bernardo, Clarevallensis monasterii venerabili abbati, salutem, et in sancte religionis proposito beatam perseverantiam. — Sanctitatis vestre petitionibus debita sollicitudine annuentes, apud abbatem et canonicos B. Dyonisii multum diuque laboravimus, ut ecclesiam que est apud Moras nobis donarent, cum omnibus appendiciis suis ad faciendam ibi abbatiam ordinis Clarevallensis : quod quidem vix impetrare potuimus, ceterum Domino propitiante tandem ipsam ecclesiam cum omnibus appendiciis suis nobis donaverunt ea conditione videlicet ut ibidem abbatia Clarevallensis ordinis fieret. Nos itaque ecclesiam illam cum omnibus appendiciis suis vobis et sancte congregationi Clarevallensi concedimus et donamus, ita videlicet ut ibidem abbatiam Clarevallensis ordinis absque longioris more obstaculo, faciatis. Valeat Sanctitas vestra in Domino, et pro Nobis, et pro ecclesiis Nobis commissis jugiter Dominum exoret.

(Trésor des chartes de l'abbaye de Mores. — Opera S. Bernardi, t. I, *ep.* 435. — Gallia Christ., t. IV, col. 842-B.)

Bibl. nation., fonds franç., 5995, fol. 59 r°.

CHARTA FUNDATIONIS ABBATIE.

Sans date. 1152.

2. — Notificetur posteritati nostre quod :

Ansericus de Chacenbaico, laudante uxore sua Hubelina et filio suo Jacobo, dedit in eleemosinam Deo et domui de Moris quicquid habebat in finagio de Moris, et usuarium totius terre sue in pascuis omnium animalium, et in silvis, et in aquis, et quicquid eadem domus posset acquirere de casamentis ejus ab his qui tenebant ab eo, libere recipiendum concessit. Testes sunt : Guntherus de Buxeria, Gauffridus frater ejus, Henricus de Chacennaio.

Idem Jacobus, de Chacennaio laudante uxore sua Agnete, dedit predicte domui de Moris partem suam Terrefranche de Chierrevi; confirmavit etiam donum quod Ansericus pater suus, eidem domui fecerat, et eo modo quo superius scripsimus, libere tenendum concessit. Testes sunt : Milo de Cherrevi, Wiricus de Chacennaio, Richardus de Chacennaio.

Item Guido, comes Barri super Secanam, filiis suis laudantibus Milone et Willielmo, dedit eidem domui quicquid habebat in finagio de Moris, et quicquid sui homines ab eo tenebant, si fratres ejusdem loci ab eis possent acquirere. Petronilla comitissa, ejusdem comitis uxor, laudavit et confirmavit donum suum, sicut vir suus disposuit, nam ad dotem ejus finagium illud pertinebat; concessit et eidem domui aquam que Ussa dicitur, quantum ad finagium illud pertinebat. Utriusque rei testes sunt : Thomas de Barro, Richardus de Chacennaio, Hugo de Briel, Gaufridus, frater ejus, Witerius de Merri.

Petronilla, Barri comitissa, dedit eidem domui pro anima viri sui Widonis, et filiorum suorum Milonis et Willielmi, quicquid ad eos pertinebat Terrefranche de Cherrevi, sine ulla retentione. Testes sunt : Hugo, capellanus Barri, Thomas de Barro, Ioslenus miles.

Item Agnes, Barri comitissa, eidem domui pro anima viri sui comitis Milonis, partem quam habebat in Terrafrancha de Cherrevi, sine ulla retentione vel exactione, dedit. Testes sunt : Thomas de Barro, Richardus dapifer, Milo de Hort.

Item Thomas de Barro, laudante uxore sua Huduarde, et filiis Richardo, Balduino, Thoma, Herberto, Hugone, et filia Adelina, et fratre suo Heberto Crasso, dedit in eleemosinam predicte domui silvam suam, que vocatur Foresta Beroardi, libere possidendam sine ulla retentione vel exactione. Testes sunt : Milo de Presbyteri-villa, Richardus de Chacennaio, Henricus prepositus.

Item Hildierus de Villenesse, laudante uxore sua Floreta, et filio Milone, dedit eidem domui quicquid habebat in finagio de Moris in bosco et in plano, terras et prata, sine ulla retentione, ab ecclesia de Moris usque ad pontem Selarum, et census quos alii tenebant ab eo. Testes sunt : Thomas de Barro, Milo de Cherrevi, Witerius de Merri.

Wido, abbas Arremarensis, assentiente capitulo suo, dedit per manum reverendissimi Bernardi, Clarevallis abbatis, prefate domui de Moris, terram quandam in finagio de Cherrevi, que vocatur Monsmedius, a valle Aymonis Taurini usque ad viam antiquam in longum ex una parte, ex alia vero parte in latum sicut via vallis de Teriolo vadit Cherrevi, ex alia vero parte sicut via de valle Sullina vadit Cherrevi. Ipse autem Monsmedius vadit usque ad finagium Bretignole et Aguleii, et sic dedit domui de Moris quicquid monasterium Arremarense infra hos terminos habebat, vel homines ejusdem monasterii. Porro de labore et cultura terrarum suarum non dabunt fratres de Moris monachis Arremarensibus decimas in omni parrochia de Cherrevi. Domus etiam de Moris habebit usagium suum in finagio de Cherrevi in hoc quod ibi habent monachi Arremarenses. Testes sunt : Odo de Ruliaco, Walterius de Clareio, Walterius de Montablen.

Item Milo de Cherrevi, laudante uxore sua Helisabeth, et filia Lorrete, et fratre suo Evrardo dante cum eodem Milone quidquid ad eum de eadem possessione pertinebat, dedit eidem domui de Moris terram suam de Montemedio, sine ulla retentione. Testes sunt : Thomas de Barro, Werricus de Aiguilleio.

Item Herbertus Crassus, laudante uxore sua Amyete, dedit eidem domui quicquid habebat in Montemedio, et quicquid aliud ab eo ibidem tenebat. Testes sunt : Thomas de Barro, Wiardus Morchiers, Werricus de Aiguilleio.

Item Maawis de Cherrevi, laudantibus filiis suis Evrardo et Theobaldo, dedit eidem domui quicquid habebat in Montemedio usque ad finagium Aiguilleii, et usque ad vallem Lamberti de Britanniola; condonavit etiam consuetudinem quam ei debebat campus quem tenebat Constancius de Confin. Testes sunt : Jacobus Chacenaio, Milo de Cherrevi, Gaufridus de Briel.

Clarembaudus de Capis, laudante uxore sua Hermengarde, concessit predicte domui de Moris quicquid ipse tenebat apud grangiam de Montemedio et in territorio de Cherrevi. Testes sunt : Hilduinus de Vendopera, Petrus Villanus, Herbertus Crassus.

Item Haimo de Bria, laudante uxore sua Saracena et filiis Hugone et....., dedit predicte domui omnia prata sua de Landrivilla, sub censu C solidorum, reddendo ad festum Sancti Johannis, et prata que Tigerius tenebat ab eo. Testes sunt : Thomas de Barro, Richardus dapifer, Wiardus de Lochis.

Item Arnaldus, abbas Pultariensis, assensu fratrum suorum, dedit eidem domui omnem terram quam ecclesia Pultariensis habebat in suo dominio in finagio de Moris, et quicquid aliud ab ea tenebat ultra Ussam, et boscum et planum sine ulla retentione; ab hasta Hugonis de Villula usque ad pontem Selarum sub annuo censu trium sextariorum frumenti, et trium grossi bladi, domui Landriville reddendo ad festum Sancti Remigii. Testes sunt : Petrus de Viveriis, Thomas de Barro, Nevelo Ville super Arciam.

Item Hugo de Maignans, laudante uxore sua Regina, et Philippo de Barro, a quo ipse tenebat, dedit eidem domui terram suam totam de Montabun et valle Rooth, et nemus, et planum, et quicquid habebat apud Cherrevi in censu et in pratis, sub censu duodecim denariorum, reddendo ad festum Sancti Johannis. Testes sunt : Witerus de Merri, Henricus prepositus, Stephanus Cattus.

Item Philippus, frater Stephani Catti, dedit eidem domui totam suam terram de Montabun et de valle Rooth, et prata de Cherrevi que partiuntur cum Hugone de Maignant, sub annuo censu duodecim denariorum, et hic requirendus est apud Moras ad festum Sancti Remigii. Testes sunt : Richardus dapifer, Gaufridus de Bria, Guntherius de Buxeriis, Petrus de Cherrevi.

Item Paganus de Juvencourt, laudante Thoma, filio suo, dedit predicte domui omnia prata que habebat apud Blagneium, excepto prato de Bergeriis sub annuo censu quinque solidorum ad festum Sancti Johannis, ita quod eumdem censum nulli poterit dare nisi domui de Moris, neque vendere cuiquam nisi prius obtulerit eidem domui eodem mercato. Testes sunt : Thomas de Barro, Herbertus Crassus, Rainaldus de Rice, Aymo de Bria. Laudavit et hoc uxor ipsius Pagani, Flandrina, et filia sua Agnes. Testes sunt : Petrus de Cherrevi, Raignerius capellanus de Maresco.

Item Josbertus de Werpilieriis et Stephanus Cattus, laudantibus uxoribus suis, Adelina et Ryaiz, et filiis Josberti, Genueia et Hugone, dederunt domui de Moris boscum qui vocatur de Fulchereis, et usagium suum in omnibus, excepto quod fratres de Moris terram ibi non rumpent, nec ipsi qui dederunt boscum, illum possent aliis dare nec vendere. Testes sunt : Ambertus, filius Hildieri, Wiardus de Lochis, Chrystophorus presbyter de Essoya.

Item Stephanus de Villanova et Wido, propositus Barri, dederunt eidem domui omnem terram quam habebant in valle Hildieri sursum usque ad finagium Landriville, exceptis pratis. Testes sunt : Thomas de Barro, Herbertus Crassus, Gaufridus de Bria. Donum Stephani laudavit uxor ejus Ermengardis. Testes sunt : Thomas de Barro, Maugerius Villenove. Laudavit et hoc Gilbertus, frater Stephani. Testes sunt : Hugo cementarius, Symon de Cacennaio. Donum Widonis laudavit Maugerius, filius ejus. Testes sunt : Herbertus Crassus, Stephanus et Maugerius Villenove. Laudavit quoque donum Widonis Savina, filia ejus. Testes : Stephanus carnifex, Wiardus de Landis.

Item Herbertus de Villenesse dedit eidem domui, laudantibus

filiis suis Rasone et Hugone, et filia Maawis, omnem terram quam habebat in finagio de Moris, a Landrivilla usque ad pontem Sellarum, et mediam hastam prati sub molendino, et unam hastam super pratum Richardi, et unum andenum juxta pratum de Moris. Testes sunt : Witalis presbyter, Gaudricus de Merri, Petrus de Poleseto.

Item Bovo de Maignant et Gillebertus de Chacennaio dederunt eidem domui omnia prata que tenebant a Milone de Cherrevi in dominio suo, in casamentis que partiuntur cum pratis Guerrici de Aiguilleio, sub censu unusquisque duodecim denariorum ad festum Sancti Johannis, quem tamen censum de Moris querere veniant. Laudavit hoc donum Helisabeth, uxor Bovonis de Maignant, ad quam prata pertinebant. et censum ipsum duodecim denariorum condonavit eidem domui post obitum suum. Laudavit hoc quoque Milo, filius ejus, et filie Adelina et Agnes. Donum etiam Gilberti laudavit Wiricus, filius ejus, ad quem prata pertinebant. Testes sunt : Willielmus capellanus de Merri, Werricus de Chacennaio, Hunaldus de Noeriis.

Hugo Maignens dedit eidem domui omnem terram quam habebat a vinea Joseph usque ad finagium Sellarum, exceptis pratis. Condonavit etiam censum duorum solidorum quem pro eadem terra et pro terra de Cherrevi eadem domus ei debebat. Hoc donum laudavit Pontius de Berguinuns, ad cujus feodum pars terre pertinebat. Hoc donum fecit laudante uxore sua Regina. Testes sunt : Thomas de Barro, Wido presbyter, Petrus de Poleseto.

Item Abbas de Molismo, laudantibus monachis suis, priore Willenco, camerario Galterio, sacrista Haymone, liberam dimisit partem illam decimequam calumniavit eidem domui in manu episcopi liberam. Testes sunt : Humbertus, decanus Lingonensis, Pontius archidiaconus, Wido presbyter, Thomas miles.

Ego Golefridus, Dei gratia Lingonensts episcopus, totam presentis scripti paginam laudo et confirmo, et proprii sigilli authoritate munio.

(Avec quatre sceaux pendans.)

1152.

3. — Petro Dei gratia venerabili abbati Sancti Petri de Cella (1) frater Bernardus Clarevallis vocatus abbas salutem, et quas potest

---

(1) Le célèbre Pierre de Celle, abbé de Montier-la-Celle, près Troyes.

orationes in Domino. Concedimus et confirmamus vobis et domui
vestre furnum apud Trecas positum qui erat domus nostre de
Moris, quia enim fratres nostri ejusdem modi redditus tenere non
possunt, permanum nostram qui eumdem locum edificant acceptis
XLIII libris quas in edificationem loci ipsius expenderant, vobis et
domui vestre libero obtinendum tradiderunt. Quod nos ratum ha-
beri volumus et sigilli nostri impressione firmamus. Testes sunt
fratres domus vestre : Petrus prior; Jocellinus, subprior; Stephanus, prepositus; Vualcherus quoque et Rainaldus cellerarii nostri
et Fromondus qui locum ipsum edificabat. Actum anno ab Incarnatione Domini M. C. L. II.

Montier-la-Celle. *Vieux Cartul.*, fol. 26 v° et 79 r°. —
Arch. Aube. *Invent. Montier-la-Celle*, fol. 50, n. 92.
— Op. S. Bernardi, t. I, *ep.* 419.

1154.

4. — Ego Henricus, Trecensium comes palatinus, servis Dei
in Claravalle et in abbatiis pertinentibus ad illam degentibus, pro
anima mea et patris mei, clementer indulgeo, ut in tota terra mea
fratres eorum nullum omnino theloneum, nullum pedagium, nul-
lam consuetudinem exsolvant; ad nundinas meas libere sine aliqua exactione emant et vendant que usibus suis necessaria erunt;
nec a ministris aut officialibus meis molestiam aut gravamen seu
injuriam aliquam patiantur, sed homines mei in omnibus locis eis
teneant pacem.

Ut igitur integra eis et illibata permaneant que ob salutem
anime mee illis concedo, nec istud beneficium meum aliqua possit
oblivione deleri, presentem cartam ad munimen eorumdem fratrum conscribi et sigilli mei impressione insigniri et auctoritate
precepi. Decerno etiam et indissolubili concessione confirmo ut
hec pia donatio mea nullo in posterum tempore a successoribus et
heredibus meis, nec a quoquam hominum occasione qualibet infrin-
gatur.   .

Hujus rei testes sunt : Hilduinus de Vendopera, Walterus de
Bernun, Drogo de Pruvino.

Actum anno ab Incarnatione Domini M° C° L° IIII°, regnante
Ludovico juniore, Francorum rege christianissimo; Godefredo Lingonensi episcopo. Tradita Barri per manum Willelmi notarii.

Biblot. nation., fonds franç., 5995, fol 70 r°. —
Cartul. Clairvaux. Comit. campanie VI.

1155.

5. — Ego Godefridus Lingonensis episcopus notum esse volo quod Wido, abbas Molismensis laude et assensu monachorum suorum, Willenci prioris, Walterii camerarii, et Hugonis cellerarii et Haimonis sacriste et Raingerii de Larreio et aliorum, guerpivit per manum meam et quietam clamavit fratribus de Moris decimam terrarum illarum quas tunc temporis possidebant et incolebant in finagio Villenesse.

Actum anno Domini MCLV.

Bibl. nation., fonds franç., 5995, fol. 60 rº.

1158.

6. — Ego Henricus Dei gratia Trecensis episcopus notum facio quod Agnes domina de Chacennaio, laudantibus filiis suis Thoma et Ayrardo, concessit ecclesie de Ripatorio..... Guerpivit preterea predictis fratribus terras et prata que ecclesia de Moris eis contulit in finagio de Lusigne... Hujus rei testes sunt : Johannes capellanus Sancte Marie Trecensis, Daymbertus presbyter, Bencelinus de Malaio, Hugo de Fonteto.

Actum ab Incarnatione Domini MCLVIII.

Archiv. Aube, origin. Larrivour. — Cartul.
Larrivour, fol. 3 vº.

1163-1165.

7. — Ego Galterus Dei gratia Lingonensis episcopus notum esse volo presentibus et futuris quod Raxo et Hugo frater ejus de Villenesse dederunt Deo et domui de Moris quidquid habebant in parrochiatu de Villenesse et in finagio de Moris in quibus emolumentis sine alla retentione, et in bosco et in plano, in terris cultis et incultis, et in pratis et in aquis et in censibus sub juramento promittentes fideliter de his si qua forte oriretur calumnia suam pro posse se portare garentiam. Facta est autem hec donatio per manum domini Godefridi venerabilis quondam nostri predecessoris (1). Testes sunt idem dominus Godefridus, et Manasses tunc comes Barri, et Hugo proesbyter de Villenesse.

Laudaverunt hoc donum Agano de Calma, et Hugo decanus, et

---

(1) Cette donation se place en 1163 au plus tard, année de l'abdication de Geoffroi.

Droco et Aymo filii ejus, et Lebaldus frater Aganonis et Frayn-
cetus et Lebaldus frater ejus de Danceneto, concedentes et in eleemosinam remittentes omnem querimoniam quam super his dona-
tionibus adversus prefatam domum de Moris movebant. Testes
sunt : Radulphus abbas Longivadi, et Willielmus abbas de Alba
Ripa, Rainaldus cellerarius Clarevallensis. Hoc et totum laudaverunt Abelina, uxor predicti Aganonis et Sibilla uxor Droconis et
Hugo filius ejus de Sibilla, et Adelinda neptis ejus, et Passa uxor
Aymonis, et Freherius filius ejus, et Aymo Caygne, et Rispa uxor
ejus, et Gilla, et Agano filius ejus. Testes fuerunt qui supra et
Rainerius de Maresco et Willencus de Castello, et Hildierus de
Calidofurno, milites.

Actum anno Domini MCLXV.

Bibl. nation., fonds franç., 5995, fol. 63 v°.

1164.

8. — Ego Milo Dei gratia Molismensis abbas cum totius capituli
nostri assensu, paci presentium et futurorum providentes, litteris
presentibus, omnibus notificamus et testificamur quod concessimus
ecclesie de Moris quidquid habebamus in parrochia in decimis et
omnibus ad jus ecclesie pertinentibus, et quidquid etiam de nobis
tenebant homines nostri in parrochiis de Villenesse et de Moris, et
quidquid eos tenebamus in censu vel quolibet reditu vel in plano
et bosco, in pascuis, in pratis, in aquis et in omnibus omnino
emolumentis, in ipso territorio de Villenesse et de Moris, et usque
infra parrochialem terminum de Villenesse sub annuo censu centum solidorum quem persolvent nobis annuatim statutis duobus
terminis, videlicet in die festo S^{ti} Joannis quinquaginta solidos
aut in crastino, et crastino beati Remigii, vel in festo, alios quinquaginta solidos, et hoc in capitulo nostro. Si vero aut neglectu
aut ignorantia contigit prefatam ecclesiam non solvere censum
prefatum terminis definitis, reddent pro lege census quinque solidorum si nos voluerimus accipere. Ad hoc vero laudandum et
confirmandum dedit nobis prefata ecclesia ducentas libras. Nos
autem et nostre utilitatis sueque solliciti, litteris assignari et capituli nostri sigillo nostro muniri decernimus, ut nulla inter nos et
ipsos super hec facta controversia oriatur.

Actum est et datum est anno Domini M° C° LXIIII°.

Bibl. nation., fonds franç., 5995, fol. 64 v°.

1165.

9. — Ego Manasses, comes Barri super Sequanum, notum esse
volo presentibus et futuris quod, laudante Theobaldo, fratre meo,
dedi et concessi Deo et fratribus deservientibus apud monasterium
de Moris, in Mainardi ejusdem monasterii abbatis manu quidquid
habebam et alii de me tenebant in villa de Villenesse et infra parrochiatum ejusdem ville in omnibus emolumentis et in bosco et in
plano, in terris cultis et incultis, in pratis, et in aquis, secundum
divisionem ipsius linagii que a parte Landiville facta est me
presente et precipiente coram militibus et ministerialibus meis.
Laudo preterea antiquam communitatem de pasturis consuetam
inter prefatam Villenesse et Landivillam, que videlicet talis est
quod libere absque damno faciendo pasturam habebunt, ita dum-
taxat ut si forte ab animalibus vel pecoribus eorum illatum fuerit
damnum, et cui factum fuerit ad notitiam capellani et duorum le-
galium hominum de Landivilla capitale restituetur. Hujus autem
nostre donationis testes sunt : venerabilis dominus Godefridus episcopus quondam Lingonensis, frater Rainardus cellerarius Clarevallensis, Christophorus de Roches, Hugo de Villenesse, capellani ;
Milo de Avaloura, Wiardus Soltanus, milites ; Petrus et Joannes,
tunc prepositi de Barro. Porro de laudatione fratris mei Theobaldi
testes sunt : Hugo de Fonteta, et Wiardus Soltanus, et Agnes domina de Chacenaici. Actum anno ab Incarnatione Domini millesimo centesimo sexagesimo quinto.

> (Avec le scel des armes du susdit conte, qui est un aigle
> ayant son regard en hault et les aisles esparpillées, à l'en-
> tour duquel scel sont gravés ces mots : *Manasses comes
> Barri super sequanam.*)

Bibl. nation., fonds franç., 5995, fol. 65 v°.

1165.

10. — Ego Henricus Trecensis comes palatinus presenti scripto
notifico omnibus presentibus et futuris, cum nostri authoritate sigilli, quod Manasses comes Barri super Sequanam in presentia
mea donavit Deo et monasterio de Moris et concessit sine ulla retentione quicquid habebat in omnibus emolumentis in villa de
Villenesse et infra parrochiatum ejusdem ville in nemoribus et in
terris cultis et incultis et in aquis. Ut autem hec comitis donatio
firma prefato monasterio permeneat, testificor quod prefatus comes

me posuit responsalem in garentiam quam fideliter cunctis diebus portabit; quod si contigit etiam alium esse comitem quam ipsum Mañassem in comitatu Barrensi, tunc de sua donatione promisi per manum meam se garentiam portare, aut si talis veniret contra quem eam portare non posset, ego sum positus ab eo fidejussor, et responsalis quod pro gravaminibus suis idem Manasses prefato monasterio M. solidos Trecensis monete restituet.

Actum est anno Mº Cº LXVº.

Bibl. nation., fonds franç., 5995, fol. 66 vº.

Sans date, vers 1165.

11. — Ego Manasses dictus comes de Barro tam presentibus quam futuris paci prospiciens, volo omnibus presentis scripti attestatione sciri quod frater meus Theobaldus remisit et condonavit domui de Moris querelam quam habebat adversus eamdem domum; preterea Terramfrancam que adjacet grangie de Moris in Montemedio site laudavimus, ego Manasses et idem frater meus. Concessimus eamdem Terramfrancam predicte domui jure perpetuo possidendam in eleemosynam pro anima patris mei comitis Milonis. Hanc etiam eleemosynam ego et sepe dictus frater meus fecimus per manum venerabilis patris domini Gaudefridi, Lingonensis quondam episcopi. Hujus rei testes sunt : idem Godefridus, et Milo de Avaloura, et Maugerius serviens meus et alii plures qui hoc audierunt et viderunt.

Bibl. nation., fonds franç., 5995, fol. 66 rº.

1168.

12. — Ego Henricus Trecensium palatinus comes notum facio quod Hugo de Puteolo comes Barri totam querelam quam de Villenessa et de omnibus illis que ad Villenessam pertinent adversum domum de Moris habebat, in presentia mea quietam omnino clamavit propterea quod ipse de charitate ejusdem domus mille solidos habuit, et ego uxori ejus XL dedi quia hoc laudavit domui.

Anno Mº Cº LXº VIIIº.

Bibl. nation., fonds franç., 5995, fol. 67 vº.

Sans date. 1168.

13. — Galterus Dei gratia Lingonensis episcopus notum esse volo presentibus et futuris quod Hugo de Puteolo comes Barri super Sequanam, laudante Petronilla, conjuge sua, de cujus capite res erat, concessit Deo et domui de Moris quidquid ad ipsum pertinebat, de quo conventionem tam ad fratres de Moris, tam ad monachos Molismenses quam ad diversos fecerat, scilicet quidquid tenet eadem domus in finagio de Villenesse et de Moris. De concessione vero ejusdem, que facta est in presentia comitis Henrici, testes sunt : Roricus, Meldensis archidiaconus, Aicius de Plance, Ansellus de Triagnello, Droco de Pruvino. Porro de laudatione Petronille, uxoris Hugonis, testes sunt : Haymo de Brier, Wiardus Soltanus, Hugo capellanus de Ostricurt, frater Galcherius, frater Joannes de Possessa, monachi Clarevallis.

Bibl. nation., fonds franç., 5995, fol. 67 v°.
Mention dans l'Art de vérifier les dates, t. XI, p. 294.

1168.

14. — Noverint tam presentes quam futuri quod ego Rainaldus, Dei gratia Pultariensis abbas, concessi Deo et Beate Marie de Moris, consilio et assensu totius capituli nostri, quidquid habebamus in valle Arelianensi (1), sicut mete ad hoc posite determinant et dividunt, que vallis sita est in parrochia de Landrivilla : est enim prior meta posita in colle que est inter duas vallulas, alia ad radicem collis, tertia vero in media valle, quarta subtus viam que ducit ad Villenesse usque ad fines Sellarum. Insuper concedimus eidem ecclesie quidquid habebamus et quidquid alii de nostro tenebant infra parrochiales terminos de Villenesse, sine ulla retentione, excepta parte nostra prati de Rotula, pro quibus omnibus ecclesia de Moris annuo censu dat nobis quinque sextarios annone, medietas cujus est frumenti, altera grossioris annone. Qui videlicet census ad festum Sancti Remigii redditur priori de Landrivilla requirenti apud Moras. Testes sunt : Guido prior, Nivardus cellerarius, Evrardus sacrista, Gaufredus cantor, monachi nostri; Guido capellanus de Villa super Arciam, Wiardus Soltanus, Petrus de Poliseto, Mainardus abbas de Moris, Joslenus celelarius, Petrus hospitalis, Renerius villicus noster de Landrivilla.

Actum est anno ab Incarnatione Domini M° C° LXVIII°, Indictione I^a, regnante Ludovico Ludovici regis filio.

Bibl. nation., fonds franç., 5995, fol. 68 r°.

---

(1) Valorient et valollens.

1169.

15. — Ego Nicolaus decanus Vendopere notum facio quod
domina Amica de Villa super Arciam, pro anima filii sui Thome
dedit domui de Moris quatuor falcatas prati quas Hugo de Lochis
et frater suus ad medietatem faciebant, et juxta pratum duo jornalia terre et alia duo jornalia terre de Cray juxta molendinum
de Sellis. Hoc laudaverunt filii ejus Guntherus et Hugo, et filie
Helysabeth et Dammeta.

Actum est anno Domini M⁰ C⁰ LXIX⁰.

Bibl. nation., fonds franç., 5995, fol. 69 r°.

1170.

16. — Le comte Henri donne à l'abbaye de Mores une maison
sise à Troyes au faubourg Croncels.

(Rouget, Recherches historiques sur la ville et le comté de
Bar-sur-Seine, mentionne cette donation p. 128.)

1172.

17. — Ego Galterus, Dei gratia Lingonensis episcopus, notum
esse volo quod Laurentius et Odo de Vendopera, fratres, concesserunt in eleemosinam domui de Moris quidquid ipsi tenebant infra
parrochiales terminos de Blaingneio, Cherreve et Lochis. Res de
casamentis predictorum fratrum Laurentii et Odonis et concessio-
nem Odonis laudavit uxor ejus Bietrix.

Actum anno Domini M⁰ C⁰ LXX⁰ II⁰.

Bibl. nation., fonds franç., 5995, fol. 70 v°.

1174.

18. — « Mauger, prevost de Bar-sur-Seine, bailla à l'abbé de
Mores quelques héritages qu'il avait au village de Villenesse dont
furent passées lettres en présence de Gaultier, évesque de Langres. »

Bibl. nation., fonds franc., 5995, fol. 73 r°.

1174. Avril.

19. — Notum sit quod ego Hugo de Puteolo comes Barri concedo
et in pace dimitto querelas quas habeo adversus ecclesiam de Moris
de acquisitione Villenesse et de translatione publice vie que erat in

pomerio Morensi, et de vinea que est inter Faiolam et vallem
Hildieri, et de Terrafranca grangie Montismedii in territorio de
Chierrevii, et ceteras omnes querelas quascumque hactenus habui
adversus prefatam ecclesiam, has, inquam, omnes dimitto propter
Deum et propter venerabilem dominum Eskilum Lundensis ecclesie
archiepiscopum et Sedis Apostolice in Dacia legatum, qui me inde
rogare dignatus est (1). Concedo etiam prefate ecclesie usarium
piscationis in flumine Uxe a ponte Sellarum usque ad pontem Villenove, et ne super his aliqua contraversia oriatur, laudo et confirmo
omnia ad jus meum pertinentia de quibus hodie investita est eadem
ecclesia : quod ne aliquando possit infringi, sigilli mei impressione
volo communiri. Hujus ergo donationis mee testes sunt : venerabilis
archiepiscopus supra nominatus, dominus Manasses Lingonensis
ecclesie decanus, Christophorus quoque capellanus de Lochis, Hugo
Gor ardus et Jeremias de Werpilleriis, milites. Hec omnia laudavit
Petronilla uxor mea, cum liberis meis Milone, Helvide et Margarita.
Porro de laudatione comitisse uxoris mee, et Helvidis filie mee
testes existunt : predictus capellanus de Barri, Haimo d'Ostricourt,
Hulricus frater vicecomitis Barri , Balduerius de Buxo , milites ;
Nicolaus quoque prepositus Barri. De laudatione vero Milonis filii
mei et Margarite filie mee testes sunt isti : supradictus dominus archiepiscopus; Petrus capellanus de Balenod; Hugo de Buxi, cano-
nicus Trecensis; Richardus de Barro, Milo de Aisy, milites; Nicolaus
prepositus Barri.

Factum est hoc, anno ab incarnatione Domini M° C° LXXIIII°
mense aprilis.

> (Scellé d'un grand sceel de cire blanche auquel est empreint
> un homme armé estant à cheval.)

Bibl. nation., fonds franç., 5995, fol. 73 v°.

1174.

20. — In nomine Patris et Filii et Spiritus Sancti. Ego Hugo, Dei
gratia, Suessionensis episcopus, notum fieri volumus quod Rogerius,
miles de Thou, et duo filii ejus Bernardus et Rogerius, venientes in
presentia mea, dimiserunt domui de Moris omnem querelam quam
habebant adversus eam de vinericiis, pratis et terris apud Valbon-
net et apud Villonessam, et cuncta omnino ad jus suum pertinentia, de quibus investita est ecclesia de Moris, concesserunt ei in elee-

---

(1) Sur Eskile cfr. Migne. *Op. S. Bernardi,* t. IV, col. 1555, C.

mosynam, et eam idoneis testibus uxor predicti Rogerii, Receladis nomine, et Manasses, filius eorum, predictam eleemosynam in presentia mea laudaverunt et concesserunt.

Actum est anno Domini M° C° LXXIIII°.

Bibl. nation., fonds franç., 5995, fol. 74 v°.

1175.

21. — Wiardus de Landis laudante filio suo Hugone et filia sua dedit in eleemosynam domui de Moris alodium suum de Buxeriis, scilicet mansas et census quos in eadem villa habebat, et terragium cum decimis pasturisque.

Actum anno Domini M° C° LXX° V°.

Bibl. nation., fonds franç., 5995, fol. 75 v°.

1175.

22. — Ego Galterius, Dei gratia Lingonensis episcopus, notum esse volo presentibus et futuris quod Petrus Malenutritus quietum clamavit et dimisit in eleemosynam domui de Moris unum meteonum frumenti, qui ei annuatim debebatur, et illam partem quam habebat in prato Hugonis de Buxeolo quod est juxta fontem More, et omnem querelam quam habebat adversus eamdem domum.

Actum est anno Domini M° C° LXX° V°.

Bibl. nation., fonds franç., 5995, fol. 75 v°.

1176.

23. — Ludovicus, Dei gratia Rex Francorum. Noverint universi presentes et futuri Nos, pietatis intuitu, monasterio Sancte Marie de Moris liberaliter concessisse que necessaria sunt calciamentis, indumentis, victualibus, volentes ut a propriis pedagiis nostris per totam terram nostram liberi et immunes exstant. Quod ut perpetue stabilitatis sortiatur fulcimentum, presentis scripti patrocinio et sigilli nostri authoritate precepimus communiri.

Actum est Clarevalli anno ab Incarnatione Domini M° C° LXXVI°.

(Avec un grand sceel de cire jaulne.)

Bibl. nation., fonds franç., 5995, fol 76. r°.

Avant 1180.

24. — Ego Galterus, Dei gratia Lingonensis episcopus, notum esse volo quod Wiardus Soltanus, laudante uxore sua Margareta, et filiis Guidone et Werrico, et genero suo Wiardo de Capis, dedit Deo et domui de Moris quicquid habebat in finagio de Villenesse, sine ulla retentione, et quidquid ab eo homines sui tenebant ibidem. Promisit etiam idem Wiardus Soltanus quia si quando de his controversia oriatur, ipse donationem hanc cum pace fideliter manu teneret et tueretur. Hujus rei testes sunt : Fromundus et Renaldus, monachi Clarevallis; Hugo et Petrus de Fonteto. De laude Margarete uxoris et Werrici filii Wiardi soltani, testes sunt : Girbertus et Gaufridus, capellani; Milo de Avaloura, et Ulricus de Lineriis. De laudatione Widonis filii et Wiardi generi Wiardi Soltani, testes sunt : Everardus servus.

Bibl. nation., fonds franç., 5995, fol. 82 v°.

1180.

25. — Ego Manasses, Dei gratia Lingonensis episcopus notum fieri volo tam futuris quam presentibus quod Haimo, filius Gaufredi de Noers, dedit Deo et Beate Marie de Moris, et omnibus ibidem Deo servientibus, quidquid habebat in finagio de Landrivilla, in decimis, in censu, in terris, in pratis, in vineis et in omnibus, absque ulla retentione, emolumentis. Hoc donum concessit Petrus frater ejus. Testes sunt : Nicolaus decanus de Vendopera, Christophorus capellanus de Lochis, Gaufridus capellanus de Merri, Hugo de Puteolo comes Barri, et Adam vicecomes Barri, et Tebaudus de Fresnoy. Hoc totum laudavit Hermengardis uxor predicti Petri, et filii sui : Guido, et Gaufridus, et Hugo, et filia ejus Gersens, et Adelais, et Ysabel. De laudatione Guidonis testes sunt : predictus Nicolaus, Christophorus de Lochis, et Airardus dominus Chacennaii. De laudatione vero Henomengardis et Gaufredi filii sui, et filiarum ejus, testes sunt : idem Nicolaus, et Christophorus de Lochis, et Andreas prior de Viveriis.

Actum est hoc, anno ab Incarnatione Domini M° C° LXXX°.

Bibl. nation,, fonds franç., 5995, fol. 78 r°.

1182.

26. — Ego Manasses Dei gratia Lingonensis episcopus notum volo fieri quod Maugerius prepositus Barri, in mea presentia constitutus, abrenunciavit per manum meam omnibus querelis quas adversus domum de Moris habebat, et quicquam in finagio de Moris et de Villenesse, sive in alolio, sive in feodo, sive in censu, vel in vadimonio aut alio quovis modo possidebat, seu jure aliquo reclamabat, libere et quiete predicte domui in pace dimisit, excepto eo quod tenebat Odo de Morech, de tenemento Stephani quondam Barri prepositi, patris sui. Promisit insuper in manu mea quod in predictis finagiis nihil ultra conquiretur, neque in vadimonio, neque proprietatis jure, seu alio quolibet modo possidendum; et eleemosynam quam Stephanus prepositus et Emeniardis uxor ejus ecclesie de Moris fecerant, in omnibus de quibus investita erat ecclesia de Moris in alodio Sellarum, a via vallis Saleis usque ad pontem Sellarum et usque ad montem Orgel, laudavit predictus Maugerius, et eidem ecclesie confirmavit. Hoc et laudavit Stephanus, filius predicti Maugerii, et Sybilla, uxor ejus. Item Petronilla, uxor Hugonis Goriardi, et Joannes, filius ipsius, dederunt Deo et ecclesie de Moris landam unam que est subtus Cherrevi, juxta landam de Moris, et eleemosynam quam predictus Hugo pro anima sua eidem domui fecerat, laudaverunt. Usuarium videlicet totius terre sue de villa super Arciam et de Maignant in pascuis omnium animalium et duodecim denarios censuales condonavit, quos ei annuatim debebat eadem ecclesia de terris existentibus apud grangiam Montismedii. Hoc laudaverunt filie eorum Lucia, Aalis, Agnes, Adelina.

Actum est anno Domini M° C° LXXX° II°.

Bibl. nation., fonds franç., 5995, fol, 80 r°.

1182.

27. — Ego Erardus, dominus Chacennaii, notum facio quod, laudante Mathilde uxore mea, dedi in eleemosynam et concessi domui de Moris, et duabus ejus grangiis de Fraxino et de Spina omne usuarium in pasturis omnium animalium in tota terra mea, et omne usuarium in aquis et in silvis, absque donare et vendere, et excorticare quercum stantem. Laudavi etiam et concessi ut prefata domus de Moris de casamentis meis acquirat quantum poterit, et libere ab iis qui casamenta tenent, quod acquisierit recipiat. Laudavi etiam eleemosynam patris mei, quam fecit ecclesie eidem de terra de Cherrevi, que dicitur Francaterra.

Actum anno Domini M° C° LXXX° II°.

Bibl. nation., fonds franç., 5995, fol. 81 r°.

1186.

28. — Notum sit quod ego Ansericus, dominus Montis Regalis, concedente uxore mea domina Sibilla, et filiis meis Anserico et Joanne, pro remedio anime mee, et jam dicte uxoris mee, et antecessorum nostrorum, concessi in eleemosynam, et remisi domui de Moris pedagium Divionis, quantum fratres ejusdem domus apud Divionem de rebus suis persolvebant. Dedi etiam prefate domui in eodem pedagio annuatim quadraginta solidos Divionensis monete, vigilia Exaltationis Sancte Crucis, in eadem villa, persolvendos. Testes sunt : dominus Joannes de Arceis, Guido Befor, Guido Fardel, Robertus juvenis, Renaudus notarius meus, Petrus prepositus, Joannes de Autisiodoro.

Actum est hoc anno Domini M° C° LXXXVI°.

Bibl. nation., fonds franç., 5995. fol. 85 r°.

1183.

29. — Ego Manasses, Dei gratia Lingonensis episcopus, notum facio presentibus et futuris quod Garinus de Landrivilla, veniens ad religionem, dedit in eleemosynam domui de Moris quoddam pratum subtus viam que est ante domum leprosorum de Landrivilla, et terram quamdam juxta eamdem domum, ot duas vineas quarum una est in valle Castin, altera in Longines. Hujus rei testes sunt : Nicolaus, decanus tunc Vendopere; Christophorus, capellanus de Lochis; Maugerius, prepositus Barri; qui recognitioni ejusdem eleemosyne affuerunt; magister Maubertus et idem Christophorus.

Actum anno Domini M° C° LXXX° III°.

Bibl. nation., fonds franç., 5995, fol. 83 r°.

1184.

30. — Ego Manasses, Dei gratia Lingonensis episcopus, notum fieri volo quod Haimo de Ostricourt ecclesie de Moris dedit in eleemosynam, et libere concessit possidendum censum, quem sibi annuatim debebat eadem ecclesia VI sext. frumenti. Hanc donationem laudaverunt uxor ejus, comitissa, et filii ejus Hugo scilicet et Guillelmus. Census vero iste Aimoni de Ostricourt ab ecclesia de Moris debebatur, pro pratis que habebat in finagio de Landrivilla. Hujus donationis testes sunt : Christophorus, capellanus de Lochis, Hugo, capellanus de Ostricourt, Hugo, monachus Clarevallis et medicus; Joannes, filius Hugonis Goriardi, frater Joslenus, monachus de Moris.

Actum est hoc anno Domini M° C° LXXX° IIII°.

Bibl. nation., fonds franç., 5995, fol. 84 r°.

1186.

31. — Ego Manasses, Dei gratia Lingonensis episcopus, notum facio presentibus et futuris quod Herbertus, abbas Faverniacensis (1), laude et assensu capituli sui, dedit in presentia mea monasterio de Moris, in omnibus emolumentis, quidquid habebat monasterium Faverniacense in finagiis de Burre, de Blenneio, de Cherreveio, de Buxeriis, de Villa super Arciam, de Lochis, de Landrivilla, et quidquid alii tenebant in prenominatis finagiis a monasterio Faverniacense. Huic donationi abbatis presentes fuerunt de suis : Morellus, sacrista Faverniacensis; Willelmus, monachus ejus; Joannes, capellanus ejus; magister Hugo ; Wido de Bruyre, qui testes sunt quod supradictam donationem ita absolute fecit, quod in determinatis finagiis nihil retinuit. Si autem monasterio de Moris aliquoties nata fuerit calumnia, legitimam garentiam ubique monasterio de Moris Faverniacensis abbas portabit; sane quandiu abbas Faverniacensis erit in terra illa pro garentia ferenda, propriis expensis fratres de Moris procurabunt. Sciendum vero quod XXX solidos primum reddet monasterium de Moris annuatim pro recompensatione monasterio Faverniacensi, in festo Sancti Mammetis apud Lingonas, vel infra octavas ejusdem festi, sine occasione. Testes sunt : Lambertus, archidiaconus; Euvrardus, prepositus Sanctorum Geminorum ; Petrus, decanus Barri; magister Theobaldus et magister Girardus de Vangionirivo.

Actum anno ab Incarnatione M° C° LXXX° VI°.

Bibl. nation., fonds franç., 5995. fol. 85 v°.

Sans date. 1186.

32. — Manasses Dei gratia Trecensis episcopus... Noverit universitas vestra controversiam fuisse inter ecclesiam Cellensem et ecclesiam de Moris super nemore de Juviniaco et quodam furno Trecensi qui dicitur de Moris, quo discretis viris mediantibus, abbate scilicet de Longovado, abbate Beati Lupi Trecensis, domino Milone de Sancto Fidolo milite, Roberto de Insulis preposito, in

---

(1) **Favernay**, diocèse de Besançon.

hunc modum sopita quievit : concèssum est ecclesie de Moris quod
in pretaxato nemore omnimodum preter extirpationem haberet
usuarium, predicto furno absque omni calumpnia ecclesie Cellensi
in perpetuum remanente. Unde et ab eadem Cellensi ecclesia recepit ecclesia de Moris VII libras. Nos vero eidem ecclesie de Moris
LX solid. pro bono pacis persolvimus.

Archiv. Aube. Origin. Montier-la-Celle. — Jeugny, n. 1.
Invent., t. I, fol. 72, n. 34 et fol. 174 r°, n. 1.

1186.

33. — Ego Hugo, abbas de Moris...

(Il acquiesce à la sentence de Manassès, évêque de Troyes,
rendue en présence de Raoul, abbé de Longuay, Guitère, abbé de
Saint-Loup de Troyes, Milon, seigneur de Saint-Phal, au sujet du
bois de Jeugny et du four de Mores à Troyes.)

Actum anno Domini M° C° LXXX° VI°.

Archiv Aube. Origin. Montier la Celle. — Jeugny, n. 2.
Invent., t. 1, fol. 174 r°, n. 2.

1189.

34. — Ego Dominicus, Dei gratia decanus Tornodorensis, notum facio cognitum fuisse in curia Tornodoria Comitisse, Odonem
injuste querelam exercuisse adversus domum de Moris pro qui-
busdam possessionibus quas dicebat sui juris fuisse in finagio de
Villenesse et de Moris. Fratres vero predicte domus de Moris, pacem ipsius habere cupientes, licet eos injuste vexaret, tamen XX solidos ei ex charitate dederunt, et omnem querelam quam adversus
eos injuste exercuerat, in bona pace guerpivit, tam ipse quam uxor
ejus nomine Emelina. Hoc totum laudavit Agnes, filia eorum, et
sponsus ejus Hugo, et Colinus, filius Odonis, et filie ejus Rubuleia
scilicet et Dameruns, datis eis pro laudatione quinque solidis.
Testes : Mauricus, sacerdos de Parecio; Radulphus, sacerdos de
Mariaco; Gaufridus, sacerdos de Dio; Droco, cellerarius de Quin-
ceio; Gaufridus, miles de Pascuo; Colonus, prepositus; Hachardus
de Castellione; Gosduinus textor.

Actum anno Domini M° C° LXXX° IX°.

Bibl. nation., fonds franç., 5995, fol. 87 v°.

1190.

35. — Ego Manasses, Dei gratia Lingonensis episcopus....
... Item Albericus miles de Essoya per manum meam dedit in

eleemosynam domui de Moris, partem suam pasture de Maignant.
Laudavit hoc Saracena, uxor prefati Alberici, et filii ipsorum Hugo
et Jobertus, et filie.

Actum anno Domini M° C° XC°.

Bibl. nation., fonds franç.. 5995, fol. 89 v° et 90 r°.

1190.

36. — Ego Garnerius, episcopus Lingonensis, notum facio quod
Radulphus, frater domini Hildieri de Burreio, iturus Jerosolimam,
dedit in eleemosynam Deo et ecclesie de Moris quartam partem
brossarum secus Coriol que sua erat.

Actum anno Domini M° C° XC°.

Bibl. nation., fonds franç., 5995, fol. 90 r°.

1194.

37. — Notum sit presentibus et futuris quod ego Willielmus
Vienne, Matisconensis comes, dedi et concessi ecclesie Clarevallis
et de Moris pedagia per totam terram meam, pro remedio anime
patris et matris mee, et antecessorum meorum, pacifice eterna-
liter possidenda.

Actum anno Domini M° C° LXXXXIIII°.

Bibl. nation., fonds franç., 5995, fol. 90 v°.

1194.

38. — Ego Clarembaudus, dominus de Capis, notum facio me
dedisse in eleemosynam, et acquitasse domui de Moris, quidquam
tenebat et investita erat eadem ecclesia de Moris, de casamentis
meis a Chierreve et in finagio ejusdem ville, et in omnibus emolumentis, excepto casamento domine Ysabiaus cognomento Orinde,
scilicet in quantum ipsa de eodem casamento tenebat, ea die qua
hec facta sunt, si quis vero adversus hanc eleemosynam aliquam
calumniam movere voluerit, ego in omnibus garentiam portabo et
acquitabo ut justum fuerit. Laudavit hec omnia uxor mea nomine
Helisendis, et pueri mei Clarembaudus et Garnerius, et filia
Elisabet.

Actum anno Domini M° C° XC° IIII°.

Bibl. nation., fonds franç., 5995, fol. 90 v°.

1194.

39. — Ego Garnerius, Dei gratia Lingonensis episcopus, notum facio quod dominus Jeremias de Buxeriis dedit in eleemosynam Deo et ecclesie beate Marie de Moris quidquid habebat in decimis de Buxeriis, scilicet tertiam partem tertie partis, laudante et concedente nepte sua, de qua in casamento prefatam decimam tenebat, nomine Dama. Hoc donum laudavit uxor prefati Jeremie, nomine Achiba, et filius ejus Guntherus. Idem quoque Jeremias et Guntherus, filius ejus, laudaverunt eleemosynam de terra quam dominus Hilduinus dedit in eleemosynam prefate domui de Moris.

Actum anno Domini M° C° XC° IIII°.

Bibl. nation., fonds franç., 5995, fol. 91 r°.

1195.

40. — Werricus, filius domini Wiardi Soltani de Barro, dedit in eleemosynam Deo et ecclesie Beate Marie de Moris quidquid habebat apud Loches et in finagio ejusdem ville.

Actum anno domini M° C° XC° V°.

Bibl. nation., fonds franç., 5995, fol. 91 v°.

1195.

41. — Ego Garnerius, Dei gratia Lingonensis episcopus, notum facio quod Stephanus de Chasnay, et uxor ejus Osanna, de cujus capite hoc donum movebat, de laude filiorum ipsorum Yterii, Willielmi, et filie, nomine Margarete, dederunt in eleemosynam Deo et ecclesie Beate Marie de Moris quidquid eorum juris erat in decima a via Salaria, quo vadit usque ad vadum de Selis, usque ad Moras; et extinctis omnibus querelis, quas adversus prefatam domum habuerunt...

Actum anno Domini M° C° XC° V°.

Bibl. nation., fonds franç., 5995, fol. 92 r°.

1197.

42. — Notum sit presentibus et futuris quod ego Milo, comes Barri super Secanam, dedi in eleemosinam Deo et Beate Marie de Moris usuarium in pasturis meis omnibus et que juris mei sunt in finagiis Barri, et Villenove, et Merre, et in finagiis Ville super Arciam, et de Chierrevi, et de Landrivilla, et de Lochis, et de Essoye, et de Curterun, et ubicumque fuerint ultra Se-

canam versus orientalem plagam; et usuarium piscationis in
flumen Usse, ab aqua de Moris usque ad pontem Villenove. Dedi
in eleemosynam Deo et domui de Moris quicquam etiam acquisierunt fratres de Moris a monasterio de Molismo, in finagiis
de Selis et de Merri, in omnibus utilitatibus et usibus; et ut molendinum faciant inter cachamentum suum et vadum de Sel, laudavi et concessi. Decimam quoque et casamentum decime de Sel, ut
liceat eis acquirere si possint concessi. Omnem terram quam habebam inter vallem Vielen et montem Orbel et inter terram Ste Marie
de Molismo, et vineas, dedi in eleemosynam jam dicte ecclesie
de Moris. Promisi quoque divisiones et metas finium et nemoris
que sunt inter Vilenessam et Moras et Bussel prout a legalibus
juris determinati et divisi sunt tenere... ita ut de cetero jus suum
et boscum suum ecclesia de Moris in pace possideat. Forestam
Brouart que ipsorum propria est, ut omnibus modis quibus voluerint, excolant, et mansionem quam voluerint, faciant in ea, laudo
et concedo. Novalia que in predicta foresta sunt sine consensu
ipsorum vel de cetero fient a meis hominibus, eis sine dilatione
reddi faciam ita ut de cetero ea in pace possideant. Si vero inter
Buxerias et Chirrevium habitare voluerint, ut habitationem pro
libitu suo ibi faciant, laudo et concedo. In..... ut vineam suam
quam plantare ceperunt, usque ad summum veteris vinee ipsorum,
et fossas perficiant, laudo et concedo. Eam vero partem quam dominus de Juilly tenet in omnibus hisque dicta sunt, ut libere acquirant concedo. Igitur ut ne de cetero aliqua dissensio, consilio
prenominatorum, inter me et fratres de Moris (quod absit) oriatur,
omnia que eis ab antecessoribus meis hactenus in eleemosinam
data sunt, et omnia que hodie possident in bosco et plano, terris
cultis et incultis, aquis, et pratis, et censu, et pascuis, et in omnibus aliis emolumentis, laudavi et concessi; et omnes calumnias
quas hactenus adversus habui, benigne remitto et quietas clamo
pro salute anime mee et antecessorum meorum. Promitto coram
Deo, et omnibus commilitonibus et ministerialibus meis res ecclesie et fratrum de Moris, ut meas res proprias, per omnia fideliter
in omnibus locis protegere et custodire, et de hominibus meis, et
de aliis, pro posse meo, pacem eis tenere. Hec omnia laudavit Ellis-
sendis comitissa, uxor mea, et filii mei, Hugo et Galterus. Horum
omnium, scilicet donationis mee et laudationis dicte uxoris mee
et filiorum meorum amborum, testes sunt : Joannes de Posessa,
cellararius Clarevallis; Maubertus, decanus Vendopere; Christophorus, presbyter de Lochis; Milo, presbyter Barri; Hugo, capellanus meus; Stephanus miles de Channay; Hugo, filius Alberici

de Essoya; Joannes, cognomento Lorneis; Turpinus Hudierius, hospes meus, de Trecis; Robertus Gibeti, prepositus meus; Iterus et Wilielmus, filii domini de Channay; Hugo de Trecis.

Actum anno Domini millesimo centesimo nonagesimo septimo.

Bibl. nation., fonds franç., 5995, fol. 95 r°.

1197.

43. — Ego Guido, dominus de Juilly, notum facio presentibus et futuris me dedisse in eleemosinam Deo et ecclesie Beate Marie de Moris usuarium in pasturis meis et que mei juris sunt vel erunt ex parte mea, vel uxoris mee, in finagiis subscriptis, scilicet Barri, Villenove, Merri, et Ville super Arciam, Chierrevi, et ubicumque sint ultra Sequanam, versus orientalem plagam ; et usuarium piscationis in flumen Usse ab aqua de Moris usque ad pontem Villenove. Dedi in eleemosynam Deo et ecclesie de Moris quidquid acquisivit eadem ecclesia a monachis de Molismo, in finagio de Selis et Merri, in omnibus emolumentis; ut molendinum faciant inter cachamentum suum et vadum de Sel laudavi et concessi. Omnem quoque terram quam habebam inter vallem Vielen et montem Orgeoil et inter terram Ste Marie de Molismo, et vineas, dedi in eleemosinam jam dicte ecclesie de Moris. Forestam Brouart que ipsorum propria est, ut modis omnibus quibus voluerint excolant, et mansionem quam voluerunt, faciant in ea, laudavi et concessi. Novalia que in predicta foresta sine consensu ipsorum facta sunt, vel de cetero fient, a meis hominibus, sine dilatione reddi faciam ita ut de cetero ea in pace possideant. Si vero inter Buxerium et Chierrevium habitare voluerint, ut habitationem pro libitu suo ibi faciant, laudavi et concessi. In F..... ut vineam suam quam plantare ceperunt, usque ad summum veteris vinee ipsorum, et fossas, perficiant laudavi et concessi eis; et benigne laudavi omnia que ab antecessoribus meis et uxoris mee Petronille hactenus in eleemosinam data sunt; et omnia que hodie possident in bosco et plano, terris cultis et incultis, aquis, et pratis, et censu, et pascuis; et omnes calumnias quas hactenus habui adversus eos, remisi et quietas clamavi; et quecumque eis ab antecessoribus meis et dicto uxoris mee Petronille, sicut dictum est, in eleemosinam sunt collata in omnibus emolumentis, hec omnia laudaverunt et in eleemosynam dederunt predicte eccle.. e de Moris, Petronilla uxor mea, de cujus hereditate predicta ista movebant, et margareta, mater ipsius, et Agnes, filia ejusdem. De laude istarum testes sunt : Christophorus de Lochis, et Theobaldus de Polisi,

presbyteri, et Wiardus Jarrons, et Wiardus de Fraxero, milites. Hec eadem laudavit et in eleemosinam dedit Theobaldus, de Brachegenoille dominus. De laude ipsius sunt testes : Thomas, tunc cellararius Clarevallis, et Joannes, cognomento Lorueis, et Odo de Villemauro. Item dedi in eleemosinam Deo et ecclesie de Moris usuarium in omnibus pasturis meis, et que juris mei sunt, ex parte mea et ex parte uxoris mee, in finagiis de Landrivilla et de Lochis, ad usus omnium animalium et pecorum suorum, et in omnibus utilitatibus. Hoc etiam donum laudavit et in eleemosinam dedit Petronilla, uxor mea, et Agnes, filia domine Margarete.

Actum anno Domini M° C° XC° VII°.

> (Avec un sceel de cire rouge auquel est empreint une croix).

Bibl. nation., fonds franç., 5995, fol. 96 r°.

1197.

44. — Ego Guido, dominus de Juilly, notum facio presentibus et futuris quod calumniabar tenementum Stephani, quondam prepositi Barri, quod habebat in finagio de Moris et de Villenesse; sed per ecclesiasticam censuram attestatum est quod idem Stephanus hoc tenementum dedit in eleemosynam domui de Moris sine ulla retentione, scilicet quidquam habebat in predicto finagio de Moris et de Villenesse, in pratis, in terris, et vineis, et censu, et omnibus aliis emolumentis. Ermengardis, uxor ejus, que hoc ipsum tenementum in dote habebat, ecclesiam de Moris investivit in vita sua. De dono Stephani testes sunt : Bartholomeus, sororius ejusdem Stephani; Theobaldus, quondam prepositus Barri. De dono Ermengardis testes sunt : Christophorus, presbiter de Lochis; Gaufridus, presbyter de Merri; Everardus, tunc prior de Moris; frater Gilbertus et frater David, monachi de Moris. Ego vero, quia contra justiciam ire nolebam, hanc eleemosynam laudavi, et quietam clamavi, et ubique garantiam jure portabo. Testes sunt : dominus Joannes de Possessa; Christophorus, presbyter de Lochis; et dominus Clarembaudus, frater meus; Bartholomeus, dominus de Ceris; Durannus de Chacenniaco. Hanc eleemosynam laudavit Petronilla, uxor mea, de cujus capite hoc tenementum movebat. Testes sunt : Christophorus, capellanus de Lochis; Galfridus, presbyter de Merri; Wiardus Jarrons; frater David et frater Galtherius, monachi de Moris. Hanc eleemosynam Galfridus Anglicus, serviens meus, laudavit et quietam clamavit domui de Moris.

Testes : Christophorus, presbyter de Lochis; Galfridus presbyter de Merri; Wiardus Jarrons; dominus Joannes de Possessa.

Actum anno Incarnationis M° C° XC° VII°.

Bibl. nation., fonds franç., 5995, fol. 93 r°.

1198.

45. — Ego Garnerius, Dei gratia Lingonensis episcopus, notum facio quod dominus Odo de Vendopera dedit domui et ecclesie Beate Marie de Moris in eleemosynam unum sextarium frumenti in decima de Longoprato annuatim. Hoc laudavit Beatrix, uxor ejusdem Odonis, et Oda, filia ipsorum.

Item dominus Hugo de Vendopera dedit in eleemosynam eidem ecclesie sextarium unum frumenti in grangia de Belleforia. Hoc laudavit filia ejus Ermensidis.

Actum anno Domini M° C° XC° VIII°.

Bibl. nation., fonds franç., 5995, fol. 98 v°.

1199.

46. — Ego Guillielmus, decanus Castellionis, notum facio quod Bartholomeus de Champigni, qui fuit filius domini Joannis de Grance, dedit in eleemosynam domui de Moris, et quietam clamavit, partem suam decime de Landrivilla, et quidquid habebat in eadem villa, et quidquid habebat ad Buxerium et ad Seles, et in omnibus emolumentis. Hanc eleemosynam laudavit Emelina, uxor prefati Bartholomei de cujus capite hoc donum movebat, et Joannes, filius ipsorum.

Actum anno Domini M° C° XC° IX°. Testes : Humbertus, capellanus de Massingi; Constancius de Mussi; Radulphus, armiger domini Hugonis de Ostricourt.

Bibl. nation., fonds franç., 5995, fol. 99 v°.

1199 (v. st.) Février.

47. — Theobaldus, Trecensis comes palatinus, omnibus prepositis suis, majoribus et ballivis. Mando vobis et precipio quod sicut res nostras diligitis, res fratrum de Moris et omnia que ad jus ipsorum pertinent, ubicumque fuerint in potestate vestra, tanquam mea custodiatis, et manu teneatis, et ab omni injuria et gravamine defendatis. Si quis autem eis injuriam inferre, vel ad res ipsorum absque causa rationali, vel antequam causas mihi ostendat, ma-

num extendere presumpserit, de rebus ipsius tantum capiatis, quas res dictorum fratrum reddat integras, et ipsis fratribus pro emendatione C. solidos solvat. Quod nisi feceritis, sciatis quod illos solidos C. de vestro proprio persolvetis.

Actum anno Domini M° C° XC° IX, mense Februario.

Bibl. nation., fonds franç., 5995, fol. 99 v°.

1200.

48. — Ego Blancha, comitissa Campanie palatina, notum facio presentibus et futuris quod Simon dominus Claromontis et Ermensans uxor ejus laude et assensu filiorum suorum Simonis et Odonis quittaverunt fratribus de Moris querelam quam habebant adversus eos super Quercu et Villefuerc cum omnibus appenditiis et eis concesserunt libere et quiete possidenda in perpetuum in hunc modum : fratres de Moris habent pasturas in tota terra Vendopere tam in nemoribus quam in planis ad omne genus animalium et pecorum, exceptis porcis quorum pastura excluditur in his forestis, scilicet : in foresta de Beurreio, in Dernot, in Epoisse, in la Reclaye, in Craymenart et in Crusilles (per quam tamen forestam de Crusilles possunt porci eorum libere transire moram non faciendo). In foresta vero que dicitur Monsmartin et in memore quod dicitur Suliene et in Dert et in la Becassiere a via que vadit a Vandopera usque ad Villeium versus Briel quousque pastura Vandopero extenditur, habent dicti fratres plenarium usuarium ad porcos, tam ad glandes quam ad aliud genus pasture, excepto in pratis; et insuper ad omne genus animalium et pecorum aliorum a porcis, habent pasturam in pratis et bosco et plano; in foresta vero Montismartini habent dicti fratres usuarium ad hec quatuor tantum scilicet : ad salices, ad vuibs, ad hambles, ad erables et etiam ad omne genus jacens. In Suliene vero et Dert et la Becassiere habent dicti fratres plenarium usuarium ad omnes usus suos tam in vivo nemore quam mortuo; sed in foresta de Burreio in Dernot, in Epoisse, in Reclaye, in Craymenart et in Crusilles nullum habent usuarium nec in vivo nec in mortuo preter quam in pasturis. Sciendum preterea est quod si fratres de Moris vel eorum servientes vel eorum animalia vel pecora vel porci damnum alicui intulerint, damnum emenda restituent. Preterea si fratres de Moris vel eorum servientes in tota terra Vandopere besanas vel gitum invenerint infra septem dies servientibus dominorum vel ipsis dominis nuntiabunt et exinde habebunt fratres unam medietatem,

domini vel eorum servientes alteram; et si forte venationem captam
vel mortuam fratres vel eorum servientes invenerint fratres habebant unam medietatem, domini vel eorum servientes alteram; in
petiariis vero que modo sunt et in tota terra Vendopere vel de cetero invenientur, habent dicti fratres plenarium usuarium, de voluntate tamen hominis illius in cujus terra invenientur. Habent
preterea plenarium usuarium in aqua que dicitur Bassa quandocumque non erit in banno, a ponte vero ubi remus que dicitur
Furet cadit in Bassam, quousque clausura de Quercu que modo est
protenditur, tota aqua est fratrum de Moris in qua nullus poterit
piscari preter quam dominus ad cujus partem Bassa deveniet. Fratres de Moris tenentur in perpetuum facere tres pontes, scilicet :
pontem ad Quercum, pontem a la Corre, et pontem ad Chapon.
Fratres de Moris poterunt extirpare omnes frutices pratorum suorum, sed in nullo nemorum vel forestarum extirpare poterunt nisi
de voluntate dicti Simonis, vel heredum suorum. De his autem que
ad ipsos vel ad feodos et homines ipsorum, sive milites, sive burgenses, sive villanos spectant, in castellaria Vendopere, scilicet : terris, pratis, vineis et aliis hereditatibus de quibus modo
investiti sunt emptione, vel eleemosyna, vel gageria, vel ullo alio
modo aliquid acquirere poterunt dicti fratres nisi de voluntate
dicti Simonis vel heredum suorum; possunt tamen accipere omnes
res mobiles que non sunt de hereditate ab hominibus dicti Simonis
vel heredum suorum, si eis date fuerint in eleemosynam, quantum
de jure dare potest in eleemosynam ecclesie. Domos autem nullo
modo poterunt accipere in gageria quod pertineat ad hereditatem
in castellaria Vandopere. Possunt autem dicti fratres acquirere
terras que sunt a via de Longprey que vadit versus Villefuere
scindendo viam que vadit de Beurreio ad Barrum super albam
usque ad vallulam de Suliene; et si acquisierint eas libere, in perpetuum possidebunt. De his autem omnibus tenentur dicti Simon
et Ermensans uxor ejus et heredes ipsorum quantum ad partes ipsorum pertinet. Ego contra omnes perturbatores legitimam garantiam portare... ut autem hec omnia rata et inconcussa permaneant
presens scriptum sigilli mei impressione roboravi.

Actum anno gratie millesimo ducentesimo.

Et scellé a double queue de soye rouge et verte auquel scel la figure d'une dame, en cire verte. — Copie autent. collation. sur
l'original, le 12 nov. 1776 à Vendeuvre.

1202 (v. st.) 30 Janvier.

49. — Milo, archidiaconus, episcopalium procurator, et magister Odo, Trecensis curie officialis, omnibus notum facimus quod constitutus in nostra presentia Willielmus de Villamediana miles, donavit domui de Moris in perpetuam eleemosinam sex solidos et dimidium annui census apud... quos Adam d'Anci-la-Ville, Sophia et Adam de Mesio Roberti, de pratis, terris et moris in festo Sancti Remigii reddere tenebantur. Hanc vero donationem laudaverunt Oda, uxor sua, Willielmus et Symon, filii ejus, Aliz, filia sua, et Emeniardis, uxor prefati Symonis.

Actum anno Domini M° CC° II°, tertio kalendas Februarii.

Bibl. nation., fonds franç., 5995, fol. 101 r°.

1203.

50. — Ego Robertus, Dei gratia Lingonensis episcopus, notum facio quod querela que versabatur·inter fratres Militie Templi et fratres de Moris, in presentia nostra, in hunc modum terminata est et pacificata : omnia que acquisierant fratres de Moris et fratres Templi in villa de Buxeriis et in finagio ejus, sibi ad invicem communicaverunt; similiter quidquid habebant in finagio de Soeriis, eis per omnia commune factum est, exceptis terris quas habebant utrique fratres inter viam que vadit de Buxeriis ad Chireveium, et viam que dicitur de Chastel, sicut mete posite demonstrant; que terre remanebunt singulis fratribus sicut eas ante compositionem factam possidebant. Ita vero de omnibus utilitatibus, tam in justicia quam in dominio, et hominibus, et decima, et furno, et molendino, et bosco, et plano, et pasturis, et omnibus aliis pertinentibus, fratres de Moris medietatem habebunt; similiter et aliam medietatem Templarii. Quidquid vero predicti fratres in prenominatis finagiis de cetero acquisierint, per eleemosynam, vel per emptionem, vel aliis modis, computatis expensis equaliter, eis communia erunt; omnes vero redditus qui debentur pro omnibus his predictis, fratres de Moris et fratres Templi equaliter solvent. Si quis vero de iis que utrique fratres acquisierint, vellet inferre calumnias, utrique fratres sibi ad invicem, secundum justiciam, garentiam portabunt.

Actum et datum anno Domini M° CC° III°.

Bibl. nation., fonds franç., 5995, fol. 101 v°.

1204.

51. — Ego Robertus, Dei gratia Lingonensis episcopus, notum facio Girardum de Chereve et Milonem, fratrem ejus, et Nocherium filium Evrardi Grossi, et Milonem de Clareio, milites, et Joslenum, filium predicti Grossi esse homines ecclesie Sancte Marie de Moris de casamento Sancte Marie de Faverniaco. Sciendum quoque Nocherium de Simenroure, maritum domine Faccie quamdiu vixit fuisse hominem ecclesie Beate Marie de Moris de predicto casamento Sancte Marie de Faverniaco et post ejus mortem predictam Facciam uxorem ejus, hominium de eodem casamento de Faverniaco jam dicte ecclesie de Moris recognovisse et fecisse. Sunt autem de casamento ea que omnes illi quos superius nominavimus habent, et habebunt apud Loches, apud Buxerium, apud Villam super Arciam et apud Blaingny in finagiis earumdem villarum.

Actum anno Domini M° CC° IIII°.

Bibl. nation., fonds franç., 5995, fol. 102 r°.

1204.

52. — Ego Robertus, Dei gratia Lingonensis episcopus, notum facio quod Stephanus de Barro super Secanam, filius Maugerii prepositi, laudavit totam eleemosynam quam dictus Maugerius fecerat domui de Moris. Preterea quietum clamavit domui de Moris totum tenementum Stephani prepositi de Villanova. Hec omnia facta sunt laude et assensu uxoris sue Sibille et filiorum suorum, Petri clerici, Maugerii, Hugonis Bartholomei, et filie Margarete.

Actum anno Domini M° CC° IIII°.

Bibl. nation., fonds franç., 5995, fol. 102 v°.

1205.

53. — Ego Erardus, dominus Chacennei, filius domini Erardi, notum facio me dedisse in perpetuam eleemosynam et benigne concessisse domui de Moris ob remedium anime mee et antecessorum meorum ut grangiam edificent inter Buxerium et Cherrevium inter duos caminos; concedo etiam eidem domui et confirmo omnes donationes et eleemosinas quas antecessores mei de Chacenneo fecerunt predicte domui, Ansericus, et Jacobus, filius ejus, et Erardus pater meus, videlicet plenarium usuarium in omni terra

mea tam in bosco quam in plano, in aquis et in silvis, et in pascuis, ad opus omnium animalium et pecorum libere, possidendum;
quidquid fratres acquisierunt vel acquirere poterunt de casamentis
meis ab iis qui ea tenent, ut libere acquirant et perpetuo quiete possideant, laudo, confirmo et approbo. Concessi etiam et benigne laudavi jam dicte domui quicquam habuerunt antecessores mei in finagio de Moris et in Terrafranca de Cherreveio. Hec omnia laudavit Emeliana uxor mea.

Actum anno Domini Mo CCo Vo.

Bibl. nation., fonds franç., 5995, fol. 104 ro.

1205.

54. — Bartholomeus abbas de Mooris... contrat d'échange entre
l'abbaye de Mores et l'abbaye de Montieramey. L'abbaye de Mores
cède ce qu'elle possède à Vivariis (Viviers) et sur le territoire de
ce village, en hommes, cens, terres... les terres « in valle Erardi
et in valle de Curbevia. » Montiéramey cède sur le même territoire
« landam S. Victoris, terram de Cumunellis, » et plusieurs par-
celles de terre « in valle de Vannis. »

Arch. Aube. *Origin. Montiéramey*.

1206.

55. — Ego Robertus, Lingonensis episcopus, notum facio quod
Renaudus, vicecomes Barri laudavit eleemosinam de Grosseforest
quam fecerunt avunculi ejus domui de Moris, scilicet Ancelinus,
Savericus et Willelmus, milites, et si quid juris in ea habebat, vel
in aliquo, de quo domus de Moris investita erat, illud acquietavit.

Anno Domini Mo CCo VIo.

Bibl. nation., fonds franç., 5995, fol. 104 vo.

1206.

56. — Ego Milo, comes Barri super Sequanam, notum facio
Joannem de Maignans recognovisse in presentia mea se acquictasse,
antequam Robertus miles de Fontetis ejus filiam desponsasset,
omnes querelas quas habebat adversus domum de Moris. Terram
Theobaldi villici de Villa super Arciam et terram de Magnofonte
et vineam de Chastel et censum ejusdem vinee et pratum panarum
et terras de Buxeriis que fuerunt domine Mahault et omnia que
ad eum vel ad homines suos quoque modo pertinebant, de quibus

eadem domus de Moris investita erat, laudavit. Recognovit etiam et
laudavit omnes eleemosinas quas pater ejus nomine Hugo Goriais
et mater ejus nomine Petronilla fecerat jam dicte domui de Moris,
scilicet : landam unam que est subtus Cherreveium juxta landam
de Moris, et XII denarios censuales quos eadem domus eis annuatim debebat de terris existentibus apud grangiam Montismedii, et
plenarium usuarium in omni terra sua de Villa super Arciam et de
Maignans in pasturis ad opus omnium animalium et pecorum. Hec
omnia laudavit in presentia mea Hugo filius predicti Joannis.

Actum anno Domini M° CC° VI°.

Bibl. nation., fonds franç., 5995, fol. 105 r°.

Sans date. 1206 au plus tard (1).

57. — Ego Bartholomeus dictus abbas et humilis conventus de
Moris notum fieri volumus quod nos benigne concessimus domine
Blanche illustri comitisse Campanie et filio ejus ut faciant piscari
pro se quotienscumque voluerint in nostro stangno de Montchevrel
quod dicta comitissa nobis dedit, ita quod illud non rumpant.

Bibliot. Troyes, ms. 22, p. 158. — Catal. des actes des
Comtes de Champagne, n. 816.

1207.

58. — Ego Maubertus, decanus Vendopere, notum volo fieri dominum Thomam de Buxeriis laude et assensu uxoris sue Damme
acquietasse dominum Jeremiam de Buxeriis et Josbelet de Essoia
ab hominio quo erant illi obligati et posuisse illa duo hominia in
manu Templariorum et in manu monachorum de Moris equaliter ;
et prenominatus Thomas et uxor ejus Damma promiserunt etiam
se observaturos in perpetuum erga domum de Moris easdem conven-
tiones in omnibus quas fecerant erga fratres Militie Templi. Laudaverunt etiam domui de Moris eleemosinam quam dictus Jeremias
fecerat eidem domui.

Actum anno Domini M° CC° VII°.

Bibl. nation., fonds franç., 5995, fol. 105 v°.

---

(1) Sur la fin de 1206, G. (Galo) est abbé de Mores.

Sans date. 1207.

59. — Ego Maubertus, decanus Vendopere, notum facio quod dominus Jeremias de Buxeriis, miles, dedit in eleemosinam domui de Moris et fratribus Militie Templi tertiam partem omnium bonorum que habebat apud Buxerium, in omnibus emolumentis, reliquas duas partes invadiavit eis pro centum libris Trecensis monete. Predicti vero fratres concesserunt do nino Jeremie et uxori ejus in vita eorum octo sextarios bladi annuatim, medietatem frumenti et medietatem hordei et sex modios vini, tali conditione, quod quando alter illorum obierit, medietas istius redditus cadet, utrisque vero defunctis, totus redditus cadet, nec alter pro eis de cetero persolvetur.

Bibl. nation., fonds franç., 5995, fol. 105 v°.

1208. Semaine de Pâques (Pâques 6 avril).

60. — « Jacques de Durnay, seigneur dudict lieu, dame Agnes, sa femme, Gérard et Hugues, leurs enfants, et dame Marguerite, femme dudict Gérard, donnèrent aux religieux et abbé de Mores, tout le droit de pasturage qu'ils avoient en la ville et finage de Mores, tant es bois qu'aux prairies, à toutes bestes, et avec ce, leur accorda qu'ils possédassent librement tout ce qu'ils avoient acquis audict Loches jusques au jour de Pasques en la présente année ; mesmes il rendit auxdicts religieux ce qu'il avait acquis audict Loches de Nocher, fils d'Euvrard-le-Gros, seigneur de Charrevey. Desquelles donations lesdicts religieux obtindrent lettres patentes de dame Blanche, comtesse de Troyes Palatine. »

(Pris du thrésor de l'abbaye de Mores.)

Bibl. nation., fonds franç., 5995, fol. 106 v°.

1208.

61. — Gui, seigneur de Vitry, fils de Monsr Rocelin, donna à l'abbé et religieux de Mores son droict de pasturage qu'il avait au village de Longprey, du consentement de dame Riais, sa femme, et de Godefroy et Rocelin, ses enfants.

(Pris du thrésor de l'abbaye de Mores.)

Bibl. nation., fonds franç., 5995, fol. 107 r°.

1208.

62. — Ego Maubertus, decanus Vendopere, notum volum fieri
quod Ursus, miles de Villa super Arciam, traxit in causam fratres
de Moris in presentia mea super pastura de Villa super Arciam et
de finagio ejusdem ville, et postea in mea presentia recognovit se
injuste traxisse quia pater ejus, antequam idem Ursus uxorem
duxisset, dedit eamdem pasturam predicte domui in eleemosinam,
ipso Urso, et fratribus suis laudantibus, et si quid jūris habebat
idem Ursus in predicta pastura, illud ex toto quietavit domui de
Moris, insuper et omnia de quibus fratres de Moris investiti erant
eos acquietavit,

Anno domini M° CC° VII°.

Bibl. nation., fonds franç., 5995, fol. 106 v°.

1208. Octobre.

63. — Transaction entre les religieux de Mores et les habi-
tants de Celles.

... Fratres autem de Moris recognoverunt dictos homines de
Sellis habere usagium vanarum pasturarum per totum residuum
dictorum finagiorum usque ad finagium Landriville et hi iidem
dictis hominibus habere in perpetuum pacifice concesserunt..... Hoc
salvo quod fratres de Moris facient regaina in pratis suis prout voluerint singulis annis in perpetuum et tenentur levare omni anno
intra festum Nativitatis B. M. V. tunc istis sublatis vel non sublatis
animalia de Sellis intrare et pasci poterunt.

Archiv. Aube. — Imprimé dans un procès qui eut lieu en 1778.

1209.

64. — Ego Milo, comes Barri super Sequanam, notum facio me
ob remedium anime mee et antecessorum meorum, dedisse in perpetuam eleemosinam Deo et ecclesie Beate Marie de Moris pasturas
de Corteron, antequam dedissem domino Clarembaudo de Chapis
in casamento hoc quod in eadem villa habebam. Item omnibus
notum facio et testificor Ursum militem de Villa super Arciam
recognovisse in presentia mea se injuste traxisse in causam fratres
de Moris super pasturam de Villa super Arciam et etiam omnino

quictasse predictis fratribus si quid juris erat sibi in eadem pastura.

Ratum anno Domini M°CC° IX°.

Bibl. nation., fonds franç., 5995, fol. 109 r°.

1210.

65. — Ego Odo, dominus de Aspromonte et filius meus Guillelmus notum facimus nos benigne concessisse et in perpetuam
eleemosinam dedisse domui de Moris pasturas Landriville, ubicumque fuerint in bosco et in plano ad opus omnium animalium
et pecorum libere possidendas, et si damnum fecerint sine menda
restituent capitale; preterea querelas de nemore de Corest et de
pascuis de Villenesse et Landrivilla et omnes alias querelas scilicet quibus eos vexabamus benigne aequictavimus; concessimus
etiam dictis fratribus ut quiete possideant omnia que acquisierint,
de quibus investiti sunt, que ad jus nostrum aliquo modo pertinent
in omnibus utilitatibus. Hec omnia concessit et in eleemosinam
dedit uxor mea Margarita et filia ejus, Elisabeth, uxor filii mei
Guillelmi, de quarum capite hec omnia movebant. Laudaverunt
etiam hec omnia Odo et Hugo filii mei.

Actum anno Domini M° CC° X°.

Bibl. nation., fonds franç., 5995, fol. 113 r°.

1210.

66. — Philippes, seigneur de Plancy, donna en aumosne à l'abbaye de Mores le droict de pasturage qu'il avoit à Loches pour
toutes bestes et quicta tous les procès qu'il avoit avec ladicte abbaye
pour les pasturages de Landreville et de Villenesse, du consentement de dame Agnes, sa femme, et par le consentement aussi de
Milo, son filz.

(Pris du thrésor des tiltres de l'abbaye de Mores.)

Bibl. nation., fonds franç., 5995, fol. 112 v°.

1210.

67. — Ego Milo, comes Barri super Sequanam, notum facio me,
laude et assensu uxoris mee Elissendis, et filii mei Gaucherii, dedisse in perpetuam eleemosinam domui de Moris plenarium usuarium in omnibus petrariis que modo sunt, vel de cetero reperta

erunt, in tota terra mea et in omni dominio meo. Volo etiam et
precipio prepositis et custodibus terre mee ut quadrigas et vecturas
fratrum de Moris eundo et redeundo custodient et conducant. Quod
si damnum alicui fecerint, volo et precipio ut non cogantur reddere amplius quam quod damnum fuerit estimatum.

Actum anno Domini M° CC° X°.

Bibl. nation., fonds franç., 5995, fol. 112 r°.

1210.

68. — Ego Willelmus, Dei gratia Lingonensis episcopus, notum
facio Arnulphum, vices magistri domus Dei de Mormento agente,
et Martinum sacristam et Martinum priorem cum universo ecclesie
sue capitulo, per manum meam, dedisse ecclesie Beate Marie de
Moris domum Dei de Quercu et grangiam de Billefuerre cum omnibus appendiciis, et usuariis et utilitatibus tam mobilibus quam im-
mobilibus, absque ulla retentione, in perpetuum tenenda sub tali
conditione quod domus de Moris domui de Mormento annuatim
debet quinque modios bladi receptibilis, medietatem frumenti et
medietatem avene, ad mensuram cursalem Barri super Sequanam
persolvendos in domo sua apud Barrum super Albam usque ad Nativitatem Domini; et si forte die constituto dictum bladum solutum
non fuit, penam centum solidorum pruvinensium domus de Moris
incurret, et ad valorem illius diei quo solvi debuit, bladum reddet.
Si huic vero donationi contraire voluerint fratres ecclesie de Mormento tam clerici quam laici, ecclesie de Moris legitimam garentiam portabunt in hunc modum... et quandocumque necesse fuerit dictam testificabunt, et quotiescumque et ubicumque necesse
fuerit testimonium dicte donationis perhibende ad sumptus ecclesia
de Moris tenebitur. Ne autem domus de Moris a facto isto resilire
possit, me Guillelmus episcopus, et meos successores hujus facti
fidejussores domui de Moris constituo.

Actum anno Domini M° CC° X°.

Bibl. nation., fonds franç., 5995, fol. 113 v°.

1212.

69. — Ego Milo, comes Barri super Sequanam, notum facio
quod Guillelmus miles, filius domini Stephani de Villa nova dedit
in elecmosinam domui de Moris quidquid juris sui erat in pasturis
que sunt in finagio de Villa super Arciam tam in bosco quam in
plano ad opus omnium animalium et pecorum; libere laudavit

etiam eleemosinam quam pater ejus et mater fecerunt ecclesie de
Moris, scilicet quidquid eorum juris erat in decima a via Salasia
que vadit usque ad vadum de Selis, de terris quas domus de Moris
incoluerit.

Actum et datum anno Domini M⁰ CC⁰ XII⁰.

Bibl. nation., fonds franç., 5995, fol. 115 v*.

1212.

70. — Ego Willelmus, divina miseratione Lingonensis episcopus, notum volo fieri quod Hugo, miles, filius domini Hugonis de
Vergeio laude et assensu Gile matris sue, domine de Autre, et fratris sui Willelmi milites de Vergeio dedit in pertuam eleemosinam
domui de Moris quidquid sui juris erat in decima terrarum, vinea-
rum seu aliorum que excolebant fratres de Moris in Vallebonnet.

Actum anno Domini M⁰ CC⁰ XII⁰.

Bibl. nation., fonds franc., 5995, fol. 116 r⁰.

1214. Avril.

71. — Ego frater Conradus, dictus abbas Clarevallis, notum facio
quod querela que inter abbatem et conventum de Moris ex una parte
et dominum Jacobum de Durnaio et Girardum filium ejus verte-
batur ex altera, super Quercum et Billefeurre cum omnibus appendiciis pacificata est in hunc modum : assensu jam supradicti Jacobus et Girardus concesserunt fratribus de Moris, Quercum et Billefeurre cum omnibus appendiciis salvo redditu suo libere et quiete
in perpetuum possidenda, sicut continetur in charta dicti Jacobi
quam habent dicti fratres, sigilli sui munimine roboratam ; pauca
tamen de his que in ea charta continentur in hac duximus ad no-
tanda : fratres de Moris tenentur in perpetuum tres pontes facere,
scilicet pontem ad Quercum, pontem a la Chorre, et pontem ad
Hautpont. Fratres de Moris poterunt extirpare omnes frutices pratorum suorum, sed in nullo nemorum vel forestarum exstirpare poterunt, nisi de voluntate dictorum Jacobi et Girardi, vel ad uxores
eorum scilicet Agnetem et Margaretam, vel ad feodos et homines
eorum, sive milites, sive burgenses, sive villanos spectant in castellania Vendopere, scilicet pratis, terris, vineis, et aliis hereditatibus, de quibus modo sunt investiti emptione vel eleemosina, nec
ullo modo acquirere poterunt, nisi de voluntate dictorum Jacobi vel
Girardi, vel heredum suorum. Possunt tamen omnes res mobiles

que non sunt de hereditate, exceptis domibus et exceptis denariis
super gageriam accipere ab hominibus dictorum Jacobi et Girardi,
si eis data fuerint in eleemosinam.

Actum anno Domini M⁰ CC⁰ XIV⁰, mense aprili.

Bibl. nation., fonds franç., 5995, fol. 119 v°.

1214.

72. — Notum volo fieri quod Oliverius de Riceio, laude et assensu Aalis, uxoris sue, et filii sui Guidonis et filiarum suarum
Marie, Agnetis, Nicole, Mahault et alie dedit in perpetuam eleemosinam domui de Moris plenum usuarium in petraria de Riceio,
quantum pertinet ad partem suam. Fratres vero de Moris pro
eadem petraria predicto Oliverio et heredi suo vel eorum servientibus sex denarios censuales annuatim in perpetuum persolvent.

Actum anno Domini M⁰ CC⁰ XIV⁰.

Bibl. nation., fonds franç., 5995, fol. 120 r°.

1215. Juillet.

73. — Ego Hugo, dominus Brecarum, notum facio..... me,
laude et assensu Ode, uxoris mee, et filiorum meorum Hugonis,
Odonis, Simonis et Gaucherii et filie Margarete, quitasse fratribus
de Moris, salvo redditu bladi quod debent mihi, querelam quam habebam adversus eos super Quercu et Billefeure, cum omnibus appendiciis... Item quidquid acquirere poterunt in castellania Vendopere...

Actum anno Domini M⁰ CC⁰ XV⁰, mense julio.

(Extrait du cartulaire de l'abbaye de Mores : — Duchesne,
Preuves de la Maison de Broyes, p. 25. — Jongelin,
Notitia abbatiarum, p. 68.)

1216.

74. — Ego Erardus, dominus Chacennaii, notum facio quod
cum fratres de Moris ex una parte et Milo filius domini Hildieri,
militis de Burrey ex altera parte, coram me litigarent si per casamento de Burrey : jam dicti fratres, per chartam Maubs ti, decani
Vendopere, et Odonis, domini de Vendopera, et Joffredi, marescalli
Campanie, in foro meo probaverunt quod omnia que Hildierus
supra dictus possidebat apud Beurrey, tam in bosco quam in plano,

et redditibus et omnibus aliis rebus primo fuerunt de casamento
Sancte Marie de Faverniaco, et modo sunt de casamento de Moris.
Sciendum preterea quod Milo, filius dicti Hildieri, in presentia mea
constitutus, recognovit se fuisse hominem ecclesie Beate Marie de
Moris et coram multis aliis fecit hominium Radulpho, abbati de
Moris. Itaque omnia que possidebat apud Beurrey, in bosco et in
plano, in redditibus et omnibus aliis rebus idem Milo cepit de ec-
clesia Beate Marie de Moris.

Actum et datum anno gratie M° CC° XVI°.

Bibl. nation., fonds franç., 5995, fol. 122 r°.

1217.

75. — Ego Erardus, dominus Chacennaii, notum facio quod ego
laudo fratribus de Moris eleemosinam quam Johannes de Aguilleio
miles fecit eisdem fratribus de Moris de decima sua de Chauffour,
que erat de feodo meo.

Actum anno Domini M° CC° XVII°.

Bibl. nation., fonds franç., 5995, fol. 123 r°.

1217. Mars.

76. — Universis presentes litteras inspecturis H. cantor Trecensis salutem in vero saluti. Noveritis quod Arnulphus Carno-
tensis et Fenise uxor ejus et Isabel filia eorum in nostra presentia
constituti quitaverunt abbati et conventui de Moris decimam de Boi,
corporali ab eis prestito juramento quod neque per se, neque per
alium super predicta decima prefatam ecclesiam molestarent vel
facerent molestari. In cujus rei testimonium presentes litteras sigilli nostri fecimus impressione signari.

Actum anno Domini M° CC° XVII°, mense martii.

Bibl. nation., fonds franç., 5995. fol. 124 v°.

1218 (v. st.) Février.

77. — Ego Milo, comes Barri super Sequanam, et ego
Elissendis comitissa, et ego Galcherius, filius eorum, notum facimus quod nos dedimus in perpetuum domui de Moris quatuor sextaria frumenti in minagio nostro Barri super Sequanam, ita quod
quicumque receperit dictum minagium reddet fratribus de Moris

bladum illud usque ad festum Omnium Sanctorum, vel usque ad
festum Sancti Martini annuatim. Quod si usque ad festum Sancti
Martini bladum illud in integrum redditum non fuerit dictis fratribus, ille qui tenebit minagium, pro pena, nobis vel heredibus
nostris decem solidos reddere tenebitur. Et ex tunc dicti fratres
castrum Barri cum burgo et villa per decanum vel episcopum sup-
ponere poterunt interdicto. Et sciendum quod in recompansationem
hujus donationis dicti fratres concesserunt nobis et heredibus nostris in perpetuum quidquid juris quod habebant in foresta Broart,
retento tantummodo sibi usuario omnis generis pasturarum et foagio
de mortuo nemore pro pastoribus; glandem etiam poterunt come-
dere porci de Moris in eadem foresta; sed de foresta non poterunt
glandem extrahere dicti fratres. Hec omnia laudavit Ysabel (1) uxor
Galcheri.

Actum anno Domini M° CC° XVIII°, mense februario.

Bibl. nation., fonds franç., 5995, fol. 123 v°.

1218 (v. st.) Mars.

78. — Ego Milo, comes Barri super Sequanam, notum facio quod
Milo de Burreio miles, profecturus Jerosolimam, in presentia mea
constitutus, dedit in perpetuam eleemosinam domui de Moris, si in
via decesserit, quidquid habet apud Burreium vel in finagio, in decimis, in terragiis, in censibus, et omnibus aliis rebus sine ulla retentione.

Actum et datum anno Domini M° CC° XVIII°, mense martio.

Bibl. nation., fonds franç., 5995, fol. 128 r°.

1218 (v. st.) Mars.

79. — Ego Milo, comes Barri super Sequanam, ego Elissendis
comitissa, et ego Galcherius filius eorum, notum facimus tam presentibus quam futuris quod nos dedimus in perpetuam eleemosinam
ecclesie Beate Marie de Moris, pro abbatibus venientibus ad capitulum generale, piscaturam, duobus diebus in anno, in aquis nostris
et molendino de Bezaciis usque ad Barrum ubicumque voluerint;
itaque infra quindenam Nativitatis Beate Marie, vel infra quin-

---

(1) D'après du Tillet, dans ses recherches sur la branche de Courtenay, Isa-
belle fut mariée en secondes noces à Eudes, sieur de Montaigu, en Bourgogne.

denam post festum Sancte Crucis piscabuntur in iisdem aquis.
Preterea laudamus et confirmamus dicte ecclesie eleemosinam quam
Iterus de Brocia miles, fecit, videlicet totam decimam charruagii
sui de Riceio. Et ut hec rata permaneant, presentem chartam sigil-
lorum nostrorum munimine voluimus roborari.

Actum anno gratie M° CC° XVIII°, mense martii.

> (Avec trois sceaux pendants : au premier est empreint un
> lyon rampant; au second l'effigie d'une femme; et au
> troisième un homme armé à cheval, l'épée nue en main;
> et d'autre costé un lyon rampant).

Bibl. nation., fonds franç., 5995, fol. 128 r°.

Vers 1223.

80. — Thibaut IV, comte de Champagne, donne à l'abbaye de
Mores et à la grange de Montchevreuil dépendant de cette abbaye,
droit d'usage dans les bois de Jeugny, droit de pasnage et de pâturage dans le finage de Chaource et dans plusieurs finages voi-
sins, etc. Il réserve que les moines ne pourront vendre ni donner
la tuile de Montchevreuil et qu'il aura droit de pêche dans un de
leurs étangs du même lieu.

Catal. des actes des Comtes de Champ., n° 108.

1223 (v. st.) Mars.

81. — Universis, A. officialis curie Lingonensis, salutem in
Domino. Notum facimus quod in mea presentia propter hoc personaliter constitutus Guillelmus dictus Escorches, de Villa super Ar-
cia armiger, recognovit se dedisse perpetuo in eleemosinam domui
de Moris septem solidos Turonenses cum dimidio, quos singulis
annis in festo Sancti Remigii consuevit percipere, ut dicitur, in cen-
siva sive abonnamento, domini de Chacennaio, de manu majoris
ipsius qui apud Cherreveium commoratur; volens et concedens
dictus Guillelmus ut dicta domus de Moris dictos septem solidos
cum dimidio apud Cherreveium percipiat, singulis annis in perpetuum et quiete, promittens per fidem suam in manu nostra corporaliter prestitam, quod contra predictam donationem per se, nec per
alium veniet in futurum; sed portabit legitimam garentiam contra
omnes, se et heredes ipsius, quantum ad premissa, obligando pe-
nitus et expresse.

Actum anno Domini M° CC° XX° III°, mense martii.

Bibliot. nation., fonds franç., 5995, fol. 140 r°.

1223.

82. — Ego, frater Michael, abbas de Moris, notum volo fieri universis presentes litteras inspecturis quod frater Milo de Cherreve, novitius de Moris, et ejus heredes quietaverunt prioratum de Bretignolles ab omni debito quo eis tenebatur.

Actum anno Domini M° CC° XX° III°.

Bibl. nation., fonds franç., 5995, fol. 141 r°.

1224.

83. — Ego Guido, Laticensis archidiaconus, notum facio quod Guntherus de Villa super Arciam miles, laude et assensu filiorum suorum Macarii et Hugonis, et filiarum Dame et Gilette, dedit in perpetuam eleemosinam domui de Moris quidquid habebat in foresta de Buxeriis, videlicet sextam decime partem; et quidquid habebat in prato de Bruet, quod situm est apud Loches, inter molendinum Charbonnet et molendinum Girardi. Item dictus Macarius filius Guntherii, laude et assensu fratris sui Hugonis, et sororum suarum Dame et Gilette, dedit in perpetuam eleemosinam domui de Moris tertiam partem omnium que habebat apud Buxerium et in finagio ejusdem ville in hominibus, terris, pratis, censu, nemoribus, et in omnibus aliis rebus absque ulla retentione. Relique vero due partes omnium istarum rerum vendidit fratribus predicte domus pro viginti duabus libris Pruvinensibus, antequam pater ejus religionis habitum assumpsisset.

Anno Domini M° CC° XX° IV°.

Bibl. nation., fonds franç., 5995, fol. 142 r°.

1224.

84. — Ego Simon, dominus de Claromonte, notum facio universis tam presentibus quam futuris, quod Hermansans, uxor mea, dedit ob remedium anime sue ecclesie Beate Marie de Moris in puram et perpetuam eleemosinam duo sextaria bladi, unum frumenti et alterum avene, quod bladum reddent fratribus de Moris, infra festum Omnium Sanctorum, illi qui habebunt terragia mea de Vendopera. Hanc eleemosinam laudaverunt filii mei Simon et Odo. Et ut hoc ratum et firmum in perpetuum permaneat, presentes litteras sigilli mei munimine volui roborari.

Anno Domini M° CC° XX° IV°.

Bibl. nation., fonds franç., 5995, fol. 144 r°.

1224 (v. st.) Mars.

85. — Agnes priorissa, Michael prior Foissiaci et conventus...
Echange de biens : le prieuré de Foissy, près de Troyes, accorde à
l'abbaye de Clairvaux la moitié des terrages qu'il possède in
Champignola et Mundivilla (Champignolles et Mondeville, Aube) ;
Clairvaux accorde au prieuré de Foissy XXX sextaria avene apud
Montem Suzannum (Montsuzain, Aube). Ces trente setiers d'avoine
qui avaient été donnés à Clairvaux en 1217 par Erard, seigneur
de Chacenay seront payés tous les ans par l'abbaye de Mores.

Arch. Aube. Origin. Foissy.

86. — Ego frater Radulfus, abbas Clarevallis... Il ratifie l'acte
précédent.

Archiv. Aube. Origin. Foissy.

87. — Ego frater Michael, abbas de Moris... Il ratifie l'acte
précédent.

Archiv. Aube. Origin. scellé. Foissy.

1225. Avril.

88. — Ego Hugo de Gyeio, decanus, notum facio universis presentibus et futuris quod dominus Robertus miles de Villa super Arciam in mea presentia constitutus recognovit quod cum discordia
esset inter ipsum ex una parte et monasterium de Moris ex altera,
fratribus dicti monasterii dicentibus quod dictus Robertus quamdam partem nemoris quod dicitur et est foresta de Moris auferebat
eisdem, in illa parte foreste que est contigua nemori dicti Roberti ;
item eisdem fratribus asserentibus quod quidam homines dicti militis quibus ipse miles fassiam risparum suarum tradiderat exartan-
dam, de dicta foresta exartaverunt quandam partem ; et etiam
exartaverant quamdam partem risparum dicti monasterii que sunt
super campum qui dicitur campus Charvet et de eodem campo
plantaverunt quandam partem : tandem mediante domino Itero
de Chaceneto, de consensu dicti Roberti militis, nominati fuerunt
boni viri tres pro parte militis et pro parte predictorum fratrum
duo, qui super sancta juraverunt quod bona fide metas ponerent
in omnibus terminis supradictis, que determinarent in perpetuum
jus ac possessiones tam dicti militis quam monasterii supradicti ;

et quidquid ab eis determinatum esset gratum haberet utraque
pars et acceptum. Quod totum, presente dicto Itero et dicto Roberto
et domino Milone Espingalem, militibus, et Guillelmo de Lochis
ballivo domino Girardi de Durnai, presente etiam fratre **M.** abbate, ac multis monachis et conversis presentibus et aliis personis
pluribus secularibus, factum fuit, confitente dicto Roberto et multis
aliis assistentibus et audientibus, cognoscente se nichil habere ultra metas supradictas, precipue recognovit se nichil juris unquam
habuisse in illa parte foreste que intra metas modo positas remanet
monasterio supradicto. Quictavit etiam eidem monasterio rispam
que est super campum Chervet, confitens quod in eadem rispa nichil unquam juris habuerat vel habebat. In cujus rei testimonium
ego ad petitionem dicti Roberti presentes letteras sigilli mei munimine roboravi. Actum anno Domini M⁰ CC⁰ XX⁰ V⁰, mense aprili.

Archiv. Aube. Origin.

1225. Octobre.

89. — Michel, abbé, et les religieux de Mores reconnaissent
devoir à l'abbaye de Boulancourt, 6 sous de sens annuel pour la
grange de Bellefleur.

Cartul. Boulancourt, n. 239.

1228.

90. — Ego Erardus, dominus de Chacennaio, notum facio
quod, laude et assensu Emeline uxoris mee, pro salute anime mee
et anime ipsius et antecessorum nostrorum, dedi in eleemosinam
Deo et domui de Moris usuagium perpetuum ad opus sue grangie
que vocatur Molendinum Garnerii quantum duo equi in una qua-
driga poterunt ducere ad comburendum, et ad ipsam quadrigam
faciendam in nemoribus meis in illis que erunt assignata meis hominibus de Victreio et de Aculeio ad utendum. Dedi etiam eidem
ecclesie unum modium avene, singulis annis recipiendum in perpetuum, in costumis nemoris de Monsterolo, juxta monasterium Arremarense, pro quo ipsa ecclesia de Moris tenetur solvere singulis
annis in perpetuum domine Arembors, relicte Josseleni militis de
Cherrevi et heredibus ejus post ipsam, tria sextaria frumenti et
tria sextaria avene ad mensuram Chacenaii.

Concedo autem fratribus de Moris ut possint acquirere de illa domina vel de heredibus ejus bladum illum quod est de feodo meo. Hec omnia laudaverunt filii mei Erardus et Hugo.

Actum anno Domini M° CC° XX° VIII°.

Bibl. nation., fonds franç., 5995, fol. 143 r°.

1228.

91. — Ego Hugo, decanus Vendopere, notum facio quod Guillelmus de Riceio, filius domini Thome de Laignes, et Margareta, uxor ejus, dederunt in puram et perpetuam eleemosinam domui de Moris totum censum quod debebat eis annuatim dicta ecclesia pro petraria de Riceio, excepto quod de dicto censu reddet eis dicta ecclesia unum solum denarium annuatim, intra Pascha floridum et magnum Pascha, sine menda.

Actum anno Domini M° CC° XX° VIII°.

Bibl. nation., fonds franç., 5995, fol. 148 v°.

1229.

92. — Ego Clarembaudus, dominus Capparum, notum facio quod dominus Odo de Gieio filius domini Thome de Laigne, laude et assensu uxoris sue Jacque, et Regnaudi filii sui armigeri, dedit domui de Moris quidquid habebat vel habere debebat in uxore Valini de Buxeuil, nomine Elviz, et in omnibus filiis et filiabus ejusdem, nec non et in omni hereditate eorum, tam mobili quam immobili, sine ulla retentione; et pro ipsius donationis recompensatione, recepit dictus Odo a fratribus de Moris decem libras Pruvinensium fortium, ita quod tenetur portare garentiam legitimam et perpetuam de omnibus supradictis.

Anno Domini M° CC° XX° IX°.

Bibl. nation., fonds franç., 5995, fol, 149 r°.

1229.

93. — Ego Hugo, decanus Vendopere, notum facio quod Regnaudus, vicecomes Ligninarum in mea presentia constitutus, laude et assensu Gille uxoris sue, pro salute anime sue et antecessorum suorum, benigne laudavit et concessit ecclesie B^te Marie de Moris eleemosinam quam fecerunt eidem ecclesie domina Sibilla nobilis mulier de Bourguignons, et filius ejus, cognomine Brodinis, et filie ejusdem Sibille, Dameron et Aaliz, sicut continetur in litteris quas habent fratres de Moris super dicta decima, sigillatis si-

gillo meo et sigillo domini Guidonis archidiaconi Latiscensis, que decima movebat de feodo supradicti Regnaudi vicecomitis.

Actum anno Domini M° CC° XX° IX°, mense maio.

Bibl. nation., fonds franç., 5995, fol. 149 v°.

1230. 4 octobre.

94. — Le comte Thibaut IV donne à l'abbaye de Mores une rente de 4 setiers de froment sur le minage de Bar-sur-Seine ; il reçoit en échange les droits des moines sur la forêt Béroard. Les moines se réservent droit de pâturage dans cette forêt.

Catal. des actes des Comtes de Champ., n. 2067.

1230, 4 octobre.

95. — Charte de Nicolas, abbé, et du convent de Mores concernant le même objet que la précédente.

Ibid., n. 2068.

1233. Mai.

96. — Hugo, decanus Vendopere, et magister Johannes Caponis de Busseio, notum facimus quod dominus Thomas de Busseio miles, in nostra et multorum presentia, ob remedium anime sue et antecessorum suorum, dedit deo et domui de Moris in puram et perpetuam eleemosynam, vineam quandam in Valeriis sitam, que fuit, ut dicitur, vinea Channet ; laude et assensu Emmeniardis, uxoris, et Sibille, sororis ejusdem Thome. Ut antepredicta donatio debitum sortiretur effectum, dictus miles fratres memorate Ecclesie in nostra presentia de dicta vinea corporaliter investivit.

Actum anno Domini M° CC° XXX° III°, mense majo.

Bibl. nation., fonds franç., 5995, fol. 153 v°.

1233.

97. — Ego Hugo de Gisio decanus, notum facio... quod dominus Odo de Vendopera, filius domini Hugonis de Brecis, in mea presentia constitutus quittavit et benigne remisit ecclesie de Moris quidquid habebat adversus eam de escheta Adeline de Vendopera, tam tempore Dierri quam tempore Wiardi maritorum predicte Adeline in omnibus emolumentis. Quittavit etiam et remisit pre-

fate ecclesie totam terram, quam dominus Hugo frater ejus dedit aut vendidit eidem ecclesie.

Anno M° CC° XXX° III°, mense augusti.

(Extrait du cartulaire de l'abbaye de Mores. — Duchesne, *Preuves* de la Maison de Broyes, p. 28. Jongelin, *Notitia abbatiarum*, p. 68.)

1235.

98. — Ego Symon, filius domini Symonis, domini Clarimontis, notum facio quod cum ego et fratres mei, videlicet Odo et Joannes, haberemus querelam contra ecclesiam de Moris, occasione usagii quod nobis debebant de quadam pecia terre, que est ante grangiam suam de Quercu, et de quadam terra, que fuit Wiardi, presbyteri; tandem intuitu pacis, querelam illam eidem ecclesie quictavimus, et insuper dedimus ei dictam terram liberam denique ab omni terragio et costuma; terragium etiam quod nobis de alia terra debebat predicta ecclesia, et pro quo erat querela supradicta, eidem quictavimus in perpetuum.

Actum anno Domini M° CC° XXX° V°. Signum domini Hugonis de Gieio, decani.

Bibl. nation., fonds franç., 5995. fol. 159 r°.

1238.

99. — Ego Hugo de Gieio, decanus Vendopere, notum facio quod in nostra presentia constitutus, Thomas domicellus, filius domine Margarete, relicte domini Guillelmi de Buxeuil, militis, laudavit et approbavit divisionem sive partitionem illam quam dominus Thomas, avunculus ejus, et fratres de Moris, ad invicem jampridem fecerant super nemore quod est medium inter Moras et Buxeuil. Item sciendum quod si quid juris in illa parte que supradictis fratribus pro parte sua devenit, habebat, vel habere poterat, totum quictavit supradictis fratribus, et in eleemosynam eis contulit, et etiam ipsos investivit.

Actum anno Domini M° CC° XXX° VIII°.

Bibl. nation., fonds franç., 5995, fol. 161 v°.

1238. Avril.

100. — Ego Hugo de Gieio, decanus Vendopere, notum volo fieri quod dominus Everardus de Cherreveio miles, filius domini

Milonis, quondam monachi de Moris, querelam quam habebat adversus ecclesiam super petrariam de Riceio quictavit eidem ecclesie. Concessit eidem ecclesie in predicta petraria habere plenarium usuarium in perpetuum sicut hactenus noscitur habuisse. Hoc
laudavit uxor sua Elmengardis.

Datum anno Domini M° CC° XXX° VIII°, mense aprili.

Bibl. nation., fonds franç., 5995, fol. 162 v°

1238. Octobre.

101. — Ego Ysembertus, abbas Molismensis, notum volo fieri
omnibus presentibus et futuris quod querela que ex una parte ver-
tebatur inter abbatem et conventum de Moris, et homines nostros
de Sellis ex altera, sopita est inter ipsos in hunc modum, videlicet :
quod cum dicti homines, per commmunitatem quam ipsi homines
dicebant esse inter ipsos et ecclesiam de Moris in pasturis tam finagii de Selis quam finagii de Moris que vane vulgaliter appel-
lantur, peterent usuarium pasturarum per totum finagium de Moris
et de Villonesse, tandem pro bono pacis, dicti homines renunciave-
runt pasturis si quas habebant in pratis et locis aliis que sunt a
magna porta de Moris usque ad vadum de Praellis, sicut vadit cal-
ciata de Moris usque ad dictum vadum et a dicto vado usque ad
fossatum bergerie de Moris, que omnia includit magnus alveus
Usse, ita quod si dictos homines vel ipsorum animalia in pratis
seu locis supradictis intrare contigerit, dictis fratribus de Moris secundum usum terre et consuetudinem satisfacient de dampnis ac
etiam de emenda. Fratres autem de Moris recognoverunt dictos homines de Selis habere usuagium vanarum pasturam per totum residuum dictorum finagiorum usque ad finagium Landriville et hoc
idem dictis hominibus habere in perpetuum pacifice concesserunt,
hoc salvo, quod fratres de Moris facient regaina in suis pratis prout
voluerint singulis annis in perpetuum et ea tenentur levare omni
anno infra festum Nativitatis Beate Marie Virginis, post autem festum, regainis sublatis vel non sublatis, animalia de Selis intrare
poterunt. Si vero sepe dicti fratres in dictis pratis regaina non fecerint vel fecerint, dum tamen animalia sua ad pascendum in iisdem
miserint, dicti homines similiter animalia sua mittent ad pascendum et fratres de Moris non poterunt obstruere eis vada ; si vero
contingat quod prelibati fratres non possent aut non velint sua levare regaina, animalia de Selis cum animalibus prefatorum fratrum et etiam sine eis, prout dictis hominibus videbitur expedire,

intrabunt dicta prata ad pascendum. Et sciendum quod si sepe fati fratres vendiderint vel sciderint nemora sua vel partem eorum que sunt infra finagia supradicta, animalia de Selis abstinebunt ab ingressu nemorum inscisorum secundum usum et consuetudines terre, aliter de dampnis et emenda satisfacient fratribus secundum usum et consuetudinem hujus terre, in cujus rei testimonium...

Actum anno Incarnationis Dominice M° CC° XXX° VIII°, mense octobri.

Archiv. Aube. Origin.

1239.

102. — Ego Robertus, Dei gratia Lingonensis episcopus, universitati vestre notum fieri volumus quod constitutus in nostra presentia dominus P. de Janicuria, recognovit se laudavisse, et etiam coram nobis laudavit venditionem illam quam Gaufridus de Villa nova miles, fecerat erga abbatem et conventum de Moris, super parte illa quam prefatus Gaufridus habebat in decima de Bourguignons, tam grossa quam minuta, que decima de feodo prefati P. movebat, sicut predicti P. et G. milites, asserebant.
Actum anno Domini M° CC° XXX° IX°.

Bibl. nation., fonds franç., 5995, fol. 163 v°.

1242.

103. — Ego Dominicus, incuratus de Vendopera, omnibus. Noverint universi quod Petrus dictus Taciers, parrochianus meus, in presentia mea constitutus, ob remedium anime sue et antecessorum suorum, laude et assensu uxoris sue Emeniardis, et liberorum suorum Johannis et Jacobi, dedit in eleemosynam domui de Moris duas falcatas prati quas equaliter percipient cum Odino de Claromonte, et Regnaudo de Pougeio, domicellis, que site sunt in novalibus de Briel, et hanc eleemosynam tenebit ecclesia per spacium viginti annorum. Post vero spacium istud concedit duos solidos censuales quos reddet quicumque tenebit falcatas supradictas, et quocumque modo teneat, sive jure hereditario, sive emptione. Actum anno Domini M° CC° XL° II°

Bibl. nation., fonds franç., 5995, fol. 166 v°.

1242 (v. st.) Février.

104. — Ego Nicolaus, Dei gratia abbas Belliloci, totusque ejusdem loci conventus, Premonstratensis ordinis, Trecensis dioce-

sis, notum facimus presentibus et futuris, quod cum discordia esset inter nos ex una parte, et viros religiosos abbatem et conventum de Moris ex altera, et diu esset inter partes litigatum in curia nobilis domini Girardi, domini de Durnaio, super eo quod ab ipsis petebamus unum sextarium frumenti ad Crole, quod sextarium dicebamus nos habere et diu percipiebamus in grangia ipsorum de Billefeurre, Morensibus e contrario respondentibus et dicentibus quod nos injuste investiti eramus de dicto sextario, cum nec ab ipsis Morensibus, nec a quoquam, monumentum ad hoc nos habuissemus, tandem bonorum virorum utentes consilio, eisdem Morensibus in pace dimisimus, et sine aliqua reclamatione, libere et absolute quictavimus sextarium antedictum, ita quod ipsi Morenses dederunt nobis et ecclesie nostre, in recompensationem sepe dicti sextarii, IX libras et X solidos in pecunia numerata. Nos vero sepe dictis Morensibus dictum sextarium quictavimus et quictamus in perpetuum, ut ipsi habeant et ipsum possideant pacifice et quiete. Actum anno Domini M° CC° XL° II°, mense februario.

Bibl. nation., fonds franç., 5995, fol. 166. r°.

1246. Mai.

105. — Universis, Itherus, miles de Villanova, salutem in Domino. — Noverint universi quod ego, compos mentis mee, ecclesie Beate Marie de Moris, legavi quinque sextaria avene, ad mensuram Barri super Sequanam, quam volo ut fratres dicte ecclesie, post obitum meum, singulis annis in crastino festivitatis Omnium Sanctorum, percipiant, apud Villam super Arciam, in costumis meis quas ibidem habeo. Statuo itaque ut heredes mei de dictis costumis amodo nihil accipiant, donec dicte ecclesie fratres de costumis ipsis integre perceperint annis singulis hoc legatum.

Actum anno Domini M° CC° XL° VI°, mense maii.

Bibl. nation., fonds franç.. 5995, fol. 169 r°.

1246. Juillet.

106. — Ego Galtherus Coiches, major communie, et ego Poncius, prepositus Barri super Secanam, notum facimus quod Petrus, miles de Villa super Arciam, filius domini Roberti de Fontetis, in nostra presentia constitutus, recognovit quod ipse nihil juris habebat, nec heredes sui, nisi tantum usum et justitiam in quadem vinca sua, sita in valle de Val Adelin, quam tenuit ab ecclesia de

Moris cantor Trecensis ad vitam suam, de qua fuit contentio inter dictum Petrum ex una parte, et fratres de Moris, ex altera.

Actum anno M° CC° XL° VI°, mense julio.

Bibl. nation., fonds franç., 5995, fol. 168 v°.

1246 (v. st.) Janvier.

107. — Omnibus, Thomas, decanus Vendopere, salutem in domino. Noveritis quod, in nostra presentia constitutus, nobilis vir Odo de Claromonte miles, recognovit Ermansam, dominam quondam Clarimontis, matrem suam, olim dedisse in perpetuam eleemosynam domui de Moris duo sextaria bladi, unum de frumento, et unum de avena, ad mensuram Vendopere. Quam eleemosynam dictus Odo coram nobis laudavit, volens et concedens, ut fratres de Moris ab his qui terragium ejusdem Odonis, quod habet apud Villam novam juxta Quercum, habebunt, ibidem dictum bladum de eodem terragio infra festum Omnium Sanctorum recipient annuatim.

Actum anno Domini M° CC° XL° VI°, mense januario.

Bibl. nation., fonds franç., 5995, fol. 168 r°.

1247. Juin.

108. — Ego Thomas, decanus Vendopere, notum facio quod Petrus de Lochis miles, cognomento Carbonnellus, recognovit se in puram et perpetuam eleemosynam dedisse Deo, et domino Theobaldo, abbati, et conventui de Moris presenti et futuro, Cisterciensis ordinis, ob remedium anime sue, nec non et uxoris sue Tecelinе nomine, totam suam partem landarum, que fuerunt prata antecessorum et sunt subtus pontem de Lochis, Pampiluni, que partiuntur cum domino de Pampiluno. Quictavit etiam dictus Petrus dicto monasterio quidquid idem monasterium tenebat, pertinens ad jus suum vel hereditatem suam, videlicet dicti Petri, a pontibus de Lochis usque ad pontes de Landrivilla, quoquo modo illud teneret.

Actum anno Domini M° CC° XL° VII°, mense junio.

Bibl. nation., fonds franç., 5995, fol. 169 v°.

1248. Mai.

109. — Ego G., decanus Tornodori, notum facio quod in mea presentia constitutus, Galterus miles de Argentonay, filius domini Guillelmi de Mogne, recognovit se vendidisse fratribus de Moris

quecumque habebat apud Landrivillam, et apud Loches, et in finagio earumdem villarum, scilicet in hominibus, pratis, vineis,
terris, censibus, et costumis, et in omnibus aliis modis et com-
modis pro quindecim libris monete tunc currentis, de qua pecunie
summa se tenuit pro pagato coram nobis. Hanc autem eleemosynam confessus est esse factam, cum adhuc armiger esset, et nec-
dum erat uxori obligatus. Et notandum quod omnia que in supradictis locis habebat, a nullo homine tenebat, et nulli servitium red-
debat, sed erant de alodio suo.

Actum anno Domini M°CC° XL° VIII°, mense maio.

Bibl. nation., fonds franç., 5995, fol. 170 v°.

1248 (v. st.) Mars.

110. — Universis, etc. frater H. abbas Bullencurtis et Regnaudus, miles de Granceio dominus Larreii, salutem in domino.
Noveritis quod Josbertus et Jeremias fratres, de Verpilleriis milites, traherent in causam abbatem et fratres de Moris pro blado
quod ipsi emerant a domino Manassero milite de Asmantia, quod
bladum ad ipsos milites spectabat jure hereditario, ut dicebant;
verum predicti abbas et fratres de Moris, et predicti milites com-
promiserunt in nos, fide sua corporaliter prestita, promittentes quod
super promissis, ordinationi nostre starent, et quod a dicto nostro
in aliquo nullatenus resilirent. Nos vero, bonorum communicato
consilio, prefatum bladum fratribus et ecclesie de Moris arbi-
trando adjudicavimus tenendum in perpetuum et habendum; predictis militibus et eorum heredibus quantum ad hoc silentium perpetuum imponentes, ita quod de cetero, nec per se, nec per alium
contra presens venirent instrumentum.

Actum anno Domini M° CC° XL° VIII°, mense martio.

Bibl. nation., fonds franç., 5995, fol. 171 r°.

1249. Avril.

111. — Universis, etc. frater Nicolaus, prior Belliregis, de
ordine Vallis Scholarium, et Robertus de Moustiers, miles, salutem
in Domino. Noveritis quod cum abbas et conventus de Moris
conquesti fuissent diu de nobili quondam domina Emelina bone
memorie, matre nobilis viri Erardi, domini Chacennai, super hoc
quod ipsa abstulerat quandam partem decime de Bergeriis, ut dicebant, et justitiam a nobis exigerent eo quod dictus Erardus,
ultra mare profecturus, nos constituit emendatores interpre-

siarum suarum, nos voluimus, decrevimus et consuluimus, et de assensu nobilis viri Renaldi de Granceio militis, domini Larre, conservatoris terre supradicti Erardi, mandavimus quod dicta decima dictis abbati et conventui reddetur in perpetuum possidenda.

Actum anno Domini M° CC° XL° IX°, mense aprilis.

Bibl. nation., fonds franç., 5995, fol. 184 v°

1249. Mai.

112. — Ego magister Herbertus, decanus et curatus Barri super Sequanam, notum facio quod in mea presentia constitutus, Soltanus domicellus, filius domini Thome de Gieyo militis, quictavit et remisit domui de Moris querelas quas habebat adversus eam, occasione terragii et nemoris de Grosseforest, et occasione vinee que fuit quondam patris sui, site in Vallis, quam quidem vineam contulerat in eleemosynam domui de Moris predictus Thomas, pater suus. Quictavit etiam sponte omnes alias querelas, si quas habuerat, vel habere poterat, adversus predictam domum quoquo modo, promittens fide sua corporaliter prestita quod nunquam per se, vel per alium veniet contra prefatum instrumentum.

Actum et datum anno Domini M° CC° XL° IX°, mense maio.

Bibl. nation., fonds franç., 5995, fol. 184 r°.

1249. Juillet.

113. — Nos Margareta, domina de Durnai, et Johannes, ejus filius, notum facimus quod nos viris religiosis fratribus de Moris quictavimus omnes querelas quas habebamus vel habere poteramus erga eos, super terris acquisitis ab iisdem fratribus apud Quercum et apud Billefeurre, de quibus modo investiti sunt. Item super amotione porte et molendini de Quercu et valli inter positi. Item super auctatione chemini.

Actum anno Domini M° CC° XL° IX°, mense julio.

Bibl. nation., fonds franç., 5995, fol. 184 v°.

1249.

114. — Ego Johannes dominus de Durnaio, notum facio quod ego, laude et assensu carissime matris mee Margarete, et Jaquini, fratris mei, et Guilleime, uxoris mee, dedi et concessi fratribus de Moris, ob remedium animarum nostrarum, illam partem quam per-

cipiebat in decima bladi de Lochis Airardus, miles de Cherreve, quam partem ab ipso comparavi.

Actum anno Domini M° CC° XL° IX°.

1250. Mai.

115. — Nos magister Herbertus, curatus Barri super Sequanam et decanus, notum facimus quod nobilis domina Emelina, relicta domini Roberti, quondam militis de Villa super Arciam, et ejusdem filii Petrus et Milo, milites, et Guyotus, armiger, in nostra presentia constituti, recognoverunt quod cum ipsi querelam haberent adversus monasterium de Moris, ex eo quod duo juvenes, Odo et Theobaldus dicte Emeline homines de capite, absque licentia ipsius, in dicto monasterio religionis habitum assumpsissent : tandem, divina gratia inspirante, sepe dicta domina et ejus filii supradicti querelam illam, et quidquid juris in dictis juvenibus habere poterant, dicto monasterio quictaverunt, et dictos juvenes in puram eleemosinam dicto monasterio reddiderunt et concesserunt.

Actum anno M° CC° L°, mense maio.

1253. Décembre.

116. — Je Jehanne de Chocille, qui fus femme monseignor Odon de Clermont, chevalier, fais a scavoir a toz ces qui verront ces lettres que l'aumosne que li diz Odes de Clermont fist a l'esglise de Mores, d'un sextier de frument, et l'aumosne que la mere ce dit Odon fist à celle dicte esglise d'un sextier de frument et d'un sextier d'aveine, je ay loe, et loe, et la promez a payer par moy, et par mes oirs, en tos endroits que les lettres devisent, qui de ces aumosnes furent faittes et scellees dou scel messire Hebert lou doien et curez de Bar-sor-Seigne, et de scel Jacques d'Aresles, qui fut prevoz de ce mesmes chastel, que ores est maiers dou dict Bar. Et por ce que je neu sael, j'ay fait mettre a ces present s lou scael dou dit Jacques, et lou scael monseignor Odon, lou curez d'Asmance.

A l'an Nostre Seignor M° CC° LIII°, ou mois de decembre.

1254 (v. st.) Janvier.

117. — Nos Herbertus, curatus de Barro super Sequanam et
decanus ejusdem loci, et Jacobus dictus de Aresles, major communie dicti Barri, notum facimus quod in nostra presentia constitutus Johannes, filius Radulphi de Essoya, jam defuncti, recognovit se debere fratribus de Moris tres solidos censuales, in
torculari sito in vico qui dicitur vicus S^{ti} Petri apud Essoyam.

Actum anno Domini M° CC° LIIII°, mense januario.

Bibl. nation., fonds franç., 5995, fol. 185 v°.

1254 (v. st.) Janvier.

118. — Herbertus, curatus de Barro super Sequanam et decanus ejusdem loci, notum facio quod, me personaliter constituto
apud Moras, Petrus dictus Charbonnellus de Lochis miles, et Tecelina, uxor sua, in presentia mea constituti, dederunt et concesserunt in puram et perpetuam eleemosynam fratribus de Moris
quidquid habebant, seu habere poterant apud Buxerium, Villam
super Arciam, et Cherreve, feodi, juris et justitie : apud Cherreve,
in molendino, censibus, terragiis, in bosco et in plano, in hominibus; apud Buxerium, in hominibus, terris et aliis redditibus;
apud Villam super Arciam, in hominibus, videlicet Milone Novet
et heredibus suis, et omnibus aliis rebus seu redditibus, censibus
et costumis. De quibus omnibus prenotatis, predicti Petrus miles,
et Tecelina, uxor sua, investierunt abbatem et fratres domus de
Moris; que omnia movebant, ut dicebant dicti Petrus et Tecelina,
uxor sua, de feodo Beate Marie de Moris.

Actum anno Domini M° CC° LIIII°, mense februario.

Bibl. nation., fonds franç., 5995, fol. 186 r°.

1255. Mai.

119. — Nos magister Herbertus, curatus de Barro super Sequanam et decanus notum facimus quod in nostra presentia constituti dominus Robertus de Cherreve, miles, et domina Isabella,
uxor ejus, attendentes honores et beneficia quos et que fratres de
Moris multoties prebuerant eis, recognoverunt se dedisse et benigne
concessisse, tam pro recompensatione dictorum beneficiorum quam
pro salute animarum suarum, supradictis fratribus de Moris, in

perpetuam eleemosynam, quod habebant in molendino de Cherreve, videlicet partem quartam ejusdem molendini; et quamdam
landam suam sitam juxta vadum Rabbe; et quietasse eisdem fratribus supradictis tria sextaria bladi que percipiebant et percipere debebant, singulis annis, toto tempore vite sue, apud Buxerium in
terragiis dictorum fratrum de Moris. Que omnia movebant de capite supradicte domine Isabellis, et de Beata Maria de Moris.

Actum anno Domini M° CC° LV°, mense maio.

Bibl. nation., fonds franç., 5995, fol. 186 v°.

1256. Juin.

120. — Nos Herbertus, decanus christianitatis Barri super Sequanam et curatus ejusdem loci, et nos Nicolaus, minister de
Gloria Dei, notum facimus quod in nostra presentia constituti
Johannes de Gieyo, armiger, et Isabel, uxor ejus, recognoverunt
se dedisse domui de Moris in perpetuam eleemosynam, ob remedium anime sue, quidquid habebant, vel habere debebant, in decima Grosseforest, quod reddebatur eis a dictis fratribus annis
singulis in grangia de Fraxino. Promiserunt etiam coram nobis,
dicti Johannes et uxor ejus, fide super hoc prestita corporali, quod
nec per se, nec per alium contra predictam donationem venient in
futurum, sed erga eos qui se exposuerint, portabunt in perpetuum
legitimam garantiam. Hanc autem donationem laudavit dominus
Guillelmus de Gicio, frater dicti Johannis, miles, de cujus feodo
res erat, ut dicebat.

Actum anno Domini M° CC° LVI°, mense junio.

Bibl. nation., fonds franç., 5995, fol. 187 v°.

1256. Mai.

121. — Nos Herbertus, decanus christianitatis Barri super
Sequanam, et Jacobus, prepositus ejusdem ville, dictus de Lingeio,
et Jacobus, major communie ejusdem ville, notum facimus quod
in nostra presentia constitutus Johannes, dominus de Villa nova,
miles, laudavit, confirmavit et gratum habuit quandam eleemosynam quam dominus Itherus pater suus, miles, dedit et concessit
fratribus ecclesie Beate Marie de Moris, de dimidio modio avene ad
mensuram Barri super Secanam, quam summam avene voluit et
concessit coram nobis, pro se et heredibus suis, percipi et recipi a
fratribus jam dictis, annuatim et in perpetuum, sine aliqua contra-

dictione, in crastino Omnium Sanctorum, in redditibus et exitibus quos habet apud Villam super Arciam, et in finagio ejusdem ville. Que omnia supradicta ad manum suam, ratione escasure domini Itheri, patris sui, devenerunt, et que omnia supradicta tenebat ex libero allodio, sicut in presentia mea recognovit.

Actum anno Domini M° CC° LVI°, mense maio.

Bibl. nation., fonds franç., 5995, fol. 187 v°.

1259.

122. — Ego Iterus de Brocia miles, notum facio quod ego, ob remedium anime mee et antecessorum meorum, et Aalidis, uxoris mee, dedi, laude et assensu ipsius, et concessi viris religiosis Abbati et conventui de Moris illam partem prati quam habeo in prato sito in clauso pratorum de Moris, cum domino Gaufrido, avunculo meo, de Poliseio milite, in perpetuam et puram eleemosynam libere et quiete a predictis fratribus possidendam.

Anno Domini M° CC° LIX°.

Bibl. nation., fonds franç., 5995, fol. 188 v°.

1256. Novembre.

123. — Arnulphus humilis abbas de Moris... différend entre l'abbaye de Mores et celle de Montiéramey et Robert son abbé au sujet des terres nouvellement acquises par l'abbaye de Mores sur la paroisse de Chervey. L'abbaye de Mores reconnaît qu'elle doit payer à l'abbaye de Montiéramey les dîmes sur le finage de Chervey, mais elle refuse de les payer pour les terres nouvellement acquises. L'affaire est mise en arbitrage et les parties s'engagent, sous peine de 100 l. tournois d'amende, de s'en tenir à la décision des arbitres qui sont : Guillaume, cellerier de Clairvaux, et Técelin prieur de Spargis (Pargues).

Archiv. Aube. *Copie collat. Montiéramey.*

1257. Juin.

124. — Guillelmus cellerarius Clarevallensis et Tecelinus prior de Spargis... sentence arbitrale relative aux biens nouvellement acquis sur le finage de Chervey par l'abbaye de Mores. Les religieux de Mores ne sont pas tenus de payer à Robert, abbé de

Montiéramey et à son abbaye les dîmes sur les biens nouvellement acquis à Chervey; mais ils donneront tous les ans à Chervey,
dans l'octave de la Saint-Remy, six setiers de grain de moison, mesure de Chacenay.

Arch. Aube. *Origin.* *Montiéramey.*

1257. Juin.

125. — Arnulphus humilis abbas de Moris...
Ratification de l'accord précédent.

Il s'agissait de ce qu'on appelait alors les dîmes novales. Ce
procès fut renouvelé en 1542 et ce fut le 31 mai 1614 seulement,
qu'un arrêt du Parlement trancha définitivement la question en
faveur de la cure de Chervey qui appartenait à l'abbaye de Montiéramey.

Arch. Aube. *Copie collat.* *Montiéramey.*

1259. Mai.

126. — Nos magister Johannes de Tavellis, archidiaconus Laticensis, notum facio quod dominus Droco, miles, dictus de Julleio
castro, dominus de Besaces, in nostra presentia constitutus, dedit
et concessit, et recognovit se dedisse et concessisse domui de Moris,
pro remedio anime Aalis defuncte, quondam uxoris sue, et anime
sue, et animarum heredum suorum, in perpetuam eleemosynam
quinque solidos Pruvinensium fortium persolvendos fratribus dicte
domus a dicto Drocone et suis heredibus et successoribus, annuatim accipiendos in censibus dictorum Droconis et heredum suorum, qui debentur eis apud Polisetum, quolibet anno, in perpetuum, in festo S^{ti} Remigii in capite octobris. Actum anno Domini
M° CC° LIX°, mense maii.

Bibl. nation., fonds franç., 5995, fol. 188 v°.

1260.

127. — Nos Viardus, decanus Barri super Sequanam et curatus ejusdem loci, et ego Radulfus, major communie predicti loci
de Barro super Sequanam, notum facimus quod in nostra presentia constitutus, nobilis vir Gaufridus de Poliseyo, miles, recognovit
se vendidisse et quictasse viris religiosis abbati et conventui de
Moris quod sic nominatur, pratum quod fuit domini Itheri, militis,

dicti de Brocia, pro viginti quinque libris Pruvinensium fortium,
de cujus pecunie summa dictus Gaufridus se tenet ad plenum pro
pagato in pecunia numerata, renuncians in hoc facto exceptioni
non numerate pecunie et non tradite ; de cujusmodi prato dictus
Gaufridus recognovit se devestivisse et prefatos Morenses investi-
visse. Hanc autem venditionem liberi predicti Gaufridi, videlicet :
Gaufridus miles, Iterus clericus, Bartholomeus et Theobaldus scu-
tiferi, laudaverunt et concesserunt, in nostra presentia propter hoc
personnaliter constituti. Promiserunt autem prefatus Gaufridus et
prenominati liberi ejusdem prenominatis abbati et conventui de
Moris, de dicto prato adversus omnes legitimam garantiam portare
ad usus et consuetudines patrie, et contra predictam venditionem,
nec per se, nec per alium, seu per alios, contra venire. Hec autem
supradicta et singula, prefatus Gaufridus et liberi ejusdem, fide
corporali in manu nostra prestita, promiserunt se tenere et ser-
vare, volentes ut si per eos vel per eorum aliquem adversus hoc
actum procuratum vel attentatum fuerit, in personam vel personas
ejus vel eorum, qui adversus hec vel venerint vel venient, per nos
decanum excommunicationis, et in terram vel homines, interdicti
sententia proferatur. Actum anno Domini M° CC° LX°.

Bibl. nation., fonds franc., 5995, fol. 189 r°.

1262.

128. — Universis, etc. Viardus, decanus Barri super Secanam,
salutem in Domino. Noveritis quod in presentia nostra constituti
Haimo de S^{to} Ogesio miles, et Maria, uxor ejus, recognoverunt se
dedisse et quictasse in perpetuum ecclesie et fratribus de Moris
quatuor denarios censuales, quos dicti fratres de Moris debebant
eisdem annuatim pro pratis suis de Blegny, sicut dicebant, promittentes per fides suas in manu nostra corporaliter prestitas quod
contra dictam quitationem seu donationem de cetero per se vel
per alium non venient nec venire facient in futurum. Actum anno
Domini M° CC° LXII°, mense martio.

Bibl. nation., fonds franç., 5995, fol. 190 r°.

1263.

129. — Viardus, decanus Barri super Sequanam, et Jocelinus
de Vireio, prevot de Bar-sur-Scine...
Pierre dit Baras, chevalier de Ville-sur-Arce et dame Agnès sa

femme, s'accordèrent cette année de quelques différents qu'ils avaient avec l'abbé et les religieux de Mores.

Bibl. nation., fonds franç., 5995, fol. 190 v°.

1266. Mai.

130. — Je Jehan sires d'Arcies fait assavoir a tos cez qui verront et orront ces presentes lettres que je doins et octroy le don ou la vendue que Pierre, dit Mauvais, de Montsuzain, et Ysabes, sa femme, ont fet a l'abbe, et ou covent, et as freres de Mores, de lor partie et de tel chozes comme ils avaient ou molin, qui est appele le Molins Huon, li quez molin est assis devers la granche de Mores, a Montsuzain ; et ce don, ou celle dite vendue loe, et octroy a tenir loier et enparer. Et por ce que ce soit ferme choze et estable, je ay seelles ces lettres de mon seel. Ce fut fet en l'an de grace mil deux cens sexante-six, ou mois de may.

Bibl. nation., fonds franç., 5995, fol. 191 r°.

1267.

131. — Nos Renaudus, dominus Larreii, et Johannes, curatus de Lochis, notum facimus quod Wiardus dictus Marhot de Lochis, et Emengardis, ejus uxor, se tradidisse in purum et perpetuum eschambium, viris religiosis abbati et conventui de Moris, quartam partem terre quam habebant inter ortum Vallisbonnet ex una parte, et vineam religiosorum ex altera, liberam ab omni servitute, pro una pecia dictorum religiosorum, in loco qui dicitur Grossaforesta, inter terram filii Pineti de Laudrivilla et terram conversorum de Fraxino. Datum anno Domini M° CC° LXVII°, mense aprilis.

Bibl. nation., fonds franç., 5995, fol. 191 r°.

1269.

132. — Nos Theobaldus, Dei gratia rex Navarre, Campanie et Brie comes palatinus, notum facimus universis presentes litteras inspecturis, quod cum religiosi viri abbas et conventus de Moris aliqua in nostris feudis, retrofeudis, censivis et allodiis, ab hominibus nostris acquisierint, nos ob remedium anime nostre, et antecessorum nostrorum, omnia et singula ab ipsis relicta in feudis, etc. volumus, laudamus et confirmamus eisdem, volentes et concedentes

quod ea teneant et possideant ex nunc et in perpetuum, in manu
mortua, pacifice et quiete; gardam et justitiam nobis et successoribus nostris, in predictis acquisitis nihilominus retinentes. In
cujus rei testimonium et munimen perpetuum, sigillum nostrum
presentibus litteris duximus apponendum. Datum per nos apud
Barrum super Sequanum, anno Domini M° CC° LXIX°, mense
februario, die lune post octabas Purificationis B. Marie Virginis.

Bibl. nation., fonds franç., 5995, fol. 192 r°.

1270.

133. — Nos Theobaldus Dei gratia rex Navarre Campanie et
Brie comes palatinus... confirme la donation de deux hommes
mainmortables de Beurrey, que Guillaume de Clémont (en Bassigni),
dit de Vendeuvre, fit à l'abbé et au couvent de Mores.

Bibl. nation., fonds franç., 5995, fol. 192 r°.

1272. Décembre.

134. — Universis presentes litteras inspecturis, frater Johannes
monasterii Morensis abbas humilis, totus que ejusdem loci conventus, salutem in Domino. Noverint universi quod cum quedam domus
sita apud Cherrivei que fuit Thiegerii de Cherrevei hominis ecclesie monasterii Arremarensis, scilicet domus lapidea cum porprisio, sita juxta Galterum, filium Martini de la Ruelle ex una
parte et juxta Petrum ex altera, teneretur ecclesie nostre in tribus
denariis censualibus annuatim, nos ad preces et requisitionem vene-
rabilium religiosorum abbatis et monasterii Arremarensis, dictam
domum dictis religiosis quitavimus et quitamus et totaliter libera-
vimus et liberamus a tribus dictis denariis consualibus et a qua-
cumque servitute dicta domus ecclesie nostre tenebatur : volentes
et concedentes quod dicti religiosi, dictam domum cum porprisio liberam et a nobis ab omni conditione servili qua nobis seu ecclesie
nostre tenebatur liberatam teneant et possideant in perpetuum pacifice et quete; tali tamen conditione quod dictus Thiegerius tres
dictos denarios censuales, in quibus dicta domus nobis seu ecclesie
nostre tenebatur, nobis assignavit super quamdam peciam vinee,
quam peciam vinee dictus Thiegerius liberam tenebat et que totaliter libera erat, que dicta pecia vinee sita est apud Cherrivei in
loco qui dicitur Vaus savoir juxta vineam domini Roberti militis
ex una parte, et juxta vineam Aveline de Cruce ex altera; pro-

missentes bona fide quod nos contra hujusmodi quitationem et
liberationem per nos vel per alium nunquam veniemus in futurum.
In cujus rei testimonium et munimen sigillum presentibus litteris
duximus apponendum.

Actum anno Domini M° CC° LXX° secundo, mense decembri.

Arch. Aube. *Origin. Montiéramey.*

1279.

135. — Universis, etc., frater Milo totusque conventus Pultariensis, salutem. Noveritis quod abbas et conventus de Moris percipient, singulis annis apud Landrivillam, tres modios et quartam
partem unius modii vini puri et boni, quos nos tenemur eis solvere tempore vindemiarum, mustales de annuo redditu post vin-
demias percipiendos ab eisdem vel eorum mandato, in domo nostra
de Landrivilla, obligantes nos et successores nostros. Actum anno
Domini M° CC° LXXIX.

Bibl. nation., fonds franç., 5995, fol. 195 r°.

1344.

136. — Pierre de Monstierender, lieutenant du gouverneur du
bailliage de Chaumont, tenant l'an 1344 les assises à Bar-sur-Seine,
adjuge aux religieux de Mores la moyenne et basse justice en la
maison et grange du Fraigne, tous les champs, bois et vignes ad-
joignant à l'environ, tout le finage de Vilenesse, ensemble les lieux
que l'on dit Grosse-Forest et Valoliens, entre les finages de Celles
et de Landreville, à commencer dez Montorgueil et du bois de
Busseul, etc. (extrait des archives de Mores).

Bibl. nation., fonds franç., 5995, fol. 204 r°.

1391 (v. st.). 5 Avril.

137. — Blanche, par la grâce de Dieu reine de France, à tous
ceux qui ces lettres verront, salut. Comme nous avons de nostre
conquest une maison assise à Neufville soubs Giey, qui fut Mariotte
de Ligno, tenant d'une part aux hoirs de Jehannette, jadis femme
de Petit-Jehan Richart, et d'autre part à Guillaume Thévenin, et
aux hoirs de Jehan Favier, scavoir faisons que pour la dévotion
que nous avons à l'esglise de Notre-Dame de Mores, de l'ordre de
Cistoaux, au diocèse de Lengres, pour estre accompagnée et parti-

cipant ès prières et oraisons que par les religieux abbé et couvent
d'iceluy lieu y seront faicts nuict et jour, nous, pour l'honneur et
révérence de Dieu, et à l'aumentation du divin service, et que
nous soyons accompagnées en leurs prières et oraisons, et pour
autres causes qui à ce nous ont meues, donnons, baillons, trans-
portons et délaissons du tout, à héritage et perpetuellement à iceux
abbé et couvent, et à leurs sccesseurs, en pure et perpétuelle aumosne, et de grâce espécial, nostre maison et jardin, ainsi comme
tout le lieu se comporte en long et en lé, sans y rien excepter, ré-
clamer ou retenir, ne que nous et nos hoirs ou ayant cause y puis-
sions aucune choses demander, ores, ne pour le temps à venir,
réservé la souveraineté que nous y avions avant le dict conquest.
Parmy ce que lesdits religieux, et leurs successeurs sont et seront
tenus de dire pour nous, chacun an, une messe solempelle, à note,
du St-Esprit, en leur dicte esglise, le second jour d'apvril que nous
fusmes née, et après nostre trepassement diront et célébreront la
dicte messe des morts, à tel jour comme il plaira à Dieu que nous
trepassons de ceste mortelle vie ; et de nous associer et accompa-
gner à tousiours en leurs dictes prières et oraisons ; et pour perpétuelle mémoire sera escrit notre nom et la dicte messe au marte-
rologe de la dicte esglise, et au messels ou on dict la grand messe
de cette esglise. En tesmoin de ce nous avons faict mettre nostre
seel à ces présentes. Donné à Neufville, le V jour d'apvril, l'an de
grâce MCCCLXXXXI, avant Pasques.

Bibl. nation., fonds franç., 5995, fol. 210 r°.

1546.

138. — Accord entre Antoinette d'Amboise dame de Vendeuvre
et du Champ-au-Roi et messire Jean de Mesgrigny seigneur de la
Villeneuve-au-Chêne. La dame de Vendeuvre cède à Jean de Mesgrigny trois mines de froment qu'elle avait droit de prendre tous
les ans sur le moulin du Chêne près de la Beccacière, appartenant
aux religieux de Mores.

(Chez M. Alexis Socard, libraire à Troyes.)

139. — On trouve aux Archives de l'Aube quelques documents modernes se rapportant à l'abbaye de Mores :

28 mai 1694, bail de la métairie du *moulin à papier* sur l'Ource,

consistant en un bàtiment logeable, grange, écurie... 24 arpents par saison, de terres labourables; prés et bois.

25 novembre 1712, l'abbaye de Mores vend aux Ursulines de Troyes une maison sise à Troyes rue du Dauphin, où pend l'enseigne *des Trois Maures*, 8,000 livres. (Les trois maures étaient les armes de l'abbaye.)

18 mars 1717, bail de la métairie dite de *La Fontaine* (sur le cours de la More, près de la route actuelle).

29 décembre 1721, bail du gagnage appelé *La Bouverie*, au finage de Mores.

9 avril 1744, bail de la ferme appelée *Ferme de Mores*, dont les bâtiments sont près du moulin.

8 mai 1761, bail de la ferme *du Moulin*, comprenant 30 journels de terre par chaque saison.

Arch. Aube. — Mores.

TABLE DES MATIÈRES

INTRODUCTION.

Extrait des Mémoires de la Société Académique de l'Aube

Tome XXXVII. — 1875.

www.ingramcontent.com/pod-product-compliance
Ingram Content Group UK Ltd.
Pitfield, Milton Keynes, MK11 3LW, UK
UKHW020928140726
13695UKWH00003B/1028